让孩子成为他自己

蒙台梭利家庭教育实战手册

吴晓玲◎著

机械工业出版社
China Machine Press

图书在版编目（CIP）数据

让孩子成为他自己：蒙台梭利家庭教育实战手册 / 吴晓玲著 . —北京：机械工业出版社，2019.8（2024.1重印）

ISBN 978-7-111-63440-9

I. 让… II. 吴… III. 儿童教育 - 家庭教育 IV. G781

中国版本图书馆 CIP 数据核字（2019）第 163121 号

在本书中，作为蒙氏家庭教育专家、蒙氏父母系统课程开发者，作者把深奥的蒙台梭利教育哲学思想与日常家庭生活相融合，提出了父母的两大重要身份，即孩子成长的协助者和灵魂的服务者，让我们重新认识孩子、认识自己。

父母如何在家庭中扮演好协助者和服务者的角色，如何真正地在家庭中实践蒙氏教育，书中给出了全面而详尽的方案。

让孩子成为他自己：蒙台梭利家庭教育实战手册

出版发行：机械工业出版社（北京市西城区百万庄大街 22 号　邮政编码：100037）

责任编辑：邵啊敏　　　　　　　　　　责任校对：李秋荣

印　　刷：北京建宏印刷有限公司　　版　　次：2024 年 1 月第 1 版第 5 次印刷

开　　本：170mm×230mm　1/16　　印　　张：17.25

书　　号：ISBN 978-7-111-63440-9　　定　　价：59.00 元

插　　图：郭兴焱

客服电话：（010）88361066　68326294

前 言

教育即一场生命的成全

第一个真相

孩子只想成为他自己，这是有"信号"的，没有谁强加给他！

还记得那一句全世界孩子都会说的话——"妈妈，让我来"吗？

这是 0 ～ 6 岁孩子的标志性语言，像空谷的回音一直萦绕在每个孩子的童年里！

他们无时无刻不在表达着自己的心声，只是成人反而"听不懂"如此直接的语言，还四处询问"孩子到底需要什么"。

然而，正是这一句被成人忽视了的呐喊——"让我来"，道出了儿童深藏的秘密：他们只想成为自己！

什么事都要自己来，为的就是建构自己，"创造自己"，最终成为自己！

玛利亚·蒙台梭利有句经典语录"Help me to do it by myself"（帮助我以自助），即源于对孩子"I want to do it by myself"（我想自己做事）的成全与尊重。

花一点点时间，我们一起来看一些生活细节。

6岁，孩子正在想一个单词怎么拼写时，妈妈走过来就给他一个标准答案。孩子急得甩笔走了："不写了！我要自己想，你为什么要说出来？"

5岁，孩子正在练习使用螺丝刀，遇到一点困难时，爸爸上来就要动手帮忙解决，孩子急着大叫："爸爸，不要，让我自己来！"

4岁，孩子从幼儿园带回了涂色作业，妈妈看见孩子正准备用蓝色涂花时，马上插话说："花朵应该用红色。"孩子回应道："我就要涂蓝色。"当大象即将被涂上绿色时，妈妈又说："大象应该用……"孩子立即捂起耳朵大声叫起来："不要你说，不要你说，这是我自己的作业，让我自己来做！"

3岁，按电梯"让我来"，开门"让我来"，要不要分享及如何分享"让我来"，等等。

2岁，扫地"让我来"，接水"让我来"，浇花"让我来"，开电视"让我来"，开灯"让我来"，擦脸"让我来"，刷牙"让我来"，吃饭"让我来"，喂鱼"让我来"，倒水"让我来"，搬东西"让我来"，等等。要做什么，不做什么，想跟谁玩，不跟谁玩，统统"让我来"。

1岁，妈妈要去拉正在摇摇晃晃学走路的他，被推开，他自己扶着沙发走；妈妈要去帮忙拿他正努力想抓到的玩具，被推开，他自己去抓；妈妈要帮忙拿着奶瓶喂他，被推开，他自己拿着喝；妈妈要用勺子喂他饭，被推开，他自己用手抓起来吃；等等。

不难发现，年龄越小越"自助化"，2岁完全爆发。如果时间再继续往1岁以前推移，你依然能够找到孩子"要自己来做事"的蛛丝马迹，回溯到其出生也不例外。

这些细节给了我们什么启示？

他们个头很小，本领也不大，却是这个地球上最无畏、最勇敢、最执着的人类群体。因为他们正在从事一生中最伟大的"工程"，那就是"创造自己"。

我给孩子的这种天性成长模式取了个名字叫"自助式成长"，而引导我看到这一点的正是被称为"儿童发现者"的玛利亚·蒙台梭利。她曾说：

儿童并不是一个等待被填充的瓶子，他们不是每时每刻都等待着我们的帮助。

婴儿的第一本能就是拒绝别人的帮助，自己去做事情。

承认儿童具有不同寻常的能力并不会降低父母的权威。当父母可以说服自己把孩子成长过程的主角位置还给儿童，心甘情愿地当好配角时，才能更好地履行自己的职责。

毋庸置疑，"自助式成长"为儿童找到了最原创的、最佳的成长方案！只要给孩子一个适合他成长的环境，人人都可以"创造"出更好的自己，就像阿基米德所说的那样，"给我一个支点，我就能撬起整个地球"。

遗憾的是，不是每个孩子都足够幸运得以施展自己的天赋成为自己，他们有可能在创造的过程中遇到难以抗拒的"阻力"而非"助力"后，最终成为"别人"。

在一次公开授课的讲台上，我不自觉地就说出了这样一段话：每个孩子为成为自己所投身的"战斗"，并不亚于人类为自由投入的真实战斗。只不过它发生得是那样隐秘且无助，有些都还没来得及轰轰烈烈就已销声匿迹了，因为他们的"对手"是他们最爱也是最爱他们的父母！我们常常以"爱"之名剥夺孩子"自己做"和"做自己"的权利。

孩子只有先成为自己，才能恰到好处地做到各尽功用。因为只有每个人的不同，才能填补这个世界的空白。如果教育只是为了改造谁，那么我们宁愿没有教育！

"孩子什么都要自己来"，这是"生命要成为自己"的一个重要信号，也是本书所揭开的第一个成长真相。

第二个真相

过去，父母不知道自己是比幼儿园老师还重要的"老师"，孩子学不好都怪老师没教好。

后来，父母知道了，自己对教育孩子有脱不开的干系，这是一次进步。

再后来，"父母是孩子的第一任老师"这句话一时间遍布各大家庭教育讲座和书籍，让父母知道了家庭教育才是根，而且自己具有重要身份，这又是一次进步。

这仍不是真相，父母的确是孩子生命中最重要的影响者，也的确是外在形式上的第一任老师，但追本溯源，我们并不是孩子真正意义上的第一任老师，其实"老师"另有其人。

本书将改变"父母是孩子的第一任老师"的固有思维，揭开生命有自我教育这一本能的真相，说清道明：谁才是孩子最好的老师，父母如何与"孩子的第一任老师"合作，让孩子以最自然和优雅的姿态成长。

第三个真相

第三个真相是关于父母身份的。

伟大的教育服务灵魂，平凡的教育服务身躯。

父母只关注孩子"吃什么、喝什么"，这只能养活孩子，但并不一定能养好孩子。伴随每个肉体降生的还有他的灵魂（精神），我们用什么来喂养孩子的灵魂？

本书提出了父母的两大重要身份，以及具体的操作方案。

（一）孩子灵魂的服务者

"为孩子的精神服务"，对很多父母和老师来说都是一个新理念。就算人们对这个理念不陌生，也可能因为缺乏具体方案而把它束之高阁。希望本书会对你有所启发和帮助。

（二）孩子成长的协助者

孩子虽然充满了自主的愿望，还能自己教育自己，但他不是孤军奋战，他会遇到专属于他的"助手"，即他的父母。他在自己建造"伟业"的过程中需要这个协助者。只不过，父母时常会"篡夺"权位，从协助者的身份变到"造物主"的身份，把孩子视为己有，随意指挥，大包大揽。

蒙台梭利总是说"任何多余的帮助都是成长的阻碍"，所以本书会向父母介绍如何做真正的协助者，协助孩子自己做事。出于对生命的崇敬和信任，我们坚定地认为：孩子不是"教"出来的，所有事情都是自己"做"出来的。

众所周知，蒙氏教育在国际幼儿教育界的耀眼地位已经保持了一百多年，但是出于各种原因，很多家庭没有机会接受如此卓越的教育。"让蒙台梭利走进家庭，点亮每个生命的起点"是我现在能想到的最乐意做的事。

相对于物质环境，我更愿意把蒙氏教育理解为一种精神、一种信念，它不是只有教具和操作方法。传播者要像蒲公英一样把种子远播四海，唯一能真正带走和传承的也只有蒙台梭利的精神和信念。所以，面对千千万万没有条件让孩子上蒙氏学校的家庭，如果他们能够获得这种精神的指导，那么孩子也会最终成为专注、独立、有秩序、有使命的人，成为最美好的自己，谁又能因为他没有操作过粉红塔，没有玩过棕色梯，而否认他的成长呢？

是孩子让我们重新思考教育对于生命的意义——成全！

既然几十万的中国父母起初是从《蒙爱之声》认识我的，也都喜欢听我讲述蒙台梭利，那么现在就让我们一起把一个个文字想象成声音，听我从孩子前六年的根基部分娓娓道来……

在此，我要特别感谢本书编辑的耐心跟踪和等待，是她的热情催化了本书的诞生。

谨以此书献给所有不想辜负生命的父母！

献给我挚爱的儿子（他才是我手里那支看不见的笔）和幕后默默付出的孩子爸爸！

吴晓玲

特别说明：

1. 本书选用的所有案例都是真实人物和事件，为了保护个人隐私，均采用化名。
2. 本书中凡涉及孩子的第三人称统一用"他"来表述。

目 录

第 1 章

上帝吻过的前六年

孩子，牵你走路的时候感觉时间好慢，放手的时候才发现时光匆匆！

没有怎么做会最好，只有错了再站起来

2012 年 8 月 7 日

如果一定要用一句话概括今天的感受，那么只有上午我在产房听到孩子的第一声啼哭时，嘴里不知重复了多少遍的那句："孩子，感谢你的到来！"

33 岁的我做了一个男孩的母亲！

今天我对见到的所有人都说："这是我一生中最美妙和伟大的一天！"

"比你结婚那天还要美吗？"

"是的！是的！"

我说这话的时候，孩子的爸爸也频频点头，感觉得出他内心和我一样激动快乐，丝毫没有"吃醋"的意思。

我们一家的新生活就这样开始了！

孩子刚出生的那些日子……

时间停止了！

妈妈每天关心：孩子什么时候才能长大呀？

时间仿佛是停止的。日复一日：喂奶、睡觉、换尿布、各种清洗（洗澡、洗衣、洗床单）……

看着自己怀里除了吃睡，还时不时哭闹两声的小宝宝，再看看马路上自由奔跑，什么都会做的大孩子，只愁着自家的孩子什么时候才能像人家那样让人"省心"！巴不得把时间摇醒，让它快跑起来。想看孩子走路、想听他说话、想看他自己玩，想快点"解放自己"。

孩子开始爬了……

时间醒过来了！

感觉是一觉醒来的工夫，孩子就会自己移动了。

他爬呀爬，动呀动，他好像还没有完全适应自己爬的样子。突然有一天，他自己站起来了，扶着沙发跌跌撞撞走起来，直到有一天他真的放开了妈妈的手，一个人奔向前方……

妈妈这时候才开始意识到时间"醒了"，而且还有点小失控，拿不准它的节奏。孩子昨天还"咿咿呀呀"，今天你耳边就传来这辈子听到的最动听、最感人的声音："妈妈！"明明昨天还在床上挪来挪去，今天你离开房间时，就感觉身后跟着一个小东西了，转身一看，原来是孩子跟着你爬出来了。你不再像前几个月一样，每天清楚地知道自己喂了多少奶、孩子接下来将会睡多长时间，也不知道接下来他又会干什么。你还不太确定自己到底是做了什么，小家伙现在一天一个样儿，总之每天都会给你带来惊喜和感叹。似乎开始有点明白孩子的成长完全是"自带程序"的，成人能做的其实没有想象中那么多。

时间开始跑了！

转眼5岁了……

此时，孩子之间的差异开始加大，大部分妈妈开始感觉自己孩子的种种"问题"有点棘手了，可是力不从心，纠正起来已经有点难了。父母感叹要是时间再慢一点就好了，巴不得把孩子的问题都解决了，时间再继续往前走。父母的焦虑指数飙升，只求时间你别跑。

时间去哪儿了？

6岁，这一天终于还是来了！

过去那个天天吵着要跟你睡，要你陪，要抱抱的"宝贝"几乎在一夜之间悄悄溜走了。

孩子就这样匆匆过完了他的黄金小童年，还来不及停一停，孩子的"自带程序"将带着他，而他也要带着自己前六年遗留下来的问题一刻不停地走向下一站。

丢下我们这些矛盾的父母：想让孩子继续健康成长，又梦想时光要是可以倒流就好了；遗憾越多，越想把孩子的童年重新过一次，以此来安慰自己这些年盲目的"匆匆岁月"！

父母不可能没有遗憾

我相信为人父母这件事，不管重复多少遍，都会有不同程度的遗憾！

当我几经周折、崩溃，孩子的重度湿疹依然如影随形时，我痛苦而果断地选择坦然接受和面对，拒绝抱憾的人生。做这个决定的时候，孩子1岁，而我的感受是仿佛过了一辈子。从出生20多天到1岁，孩子无间断地出疹，最严重的时候从头到脚全部溃烂，全身巨痒难忍，到了我想亲亲这个可怜宝贝都没完好地方可以亲的地步。我还要在孩子面前强忍住泪水，用各种办法让孩子的注意力从巨痒难忍的皮肤问题上转移。我和孩子爸爸带着孩子跑遍当地各大医院，医生们看见他的病症都直摇头，说没见过湿疹这么严重的孩子。接下来就是试药，排查过敏原，换环境等一次又一次的折腾。好心的朋友们还从国内外寄来各种药物，但都没有结束湿疹的"侵袭"。我大多是含着眼泪一天给他换好几次衣服、被褥，不停地擦药、换药。有时才穿了一上午的衣服就可以抖落一层厚厚的皮屑，真叫人痛心。我们夜以继日地看护着孩子，周而复始，每天都想着次日来临病就好了。

　　这一年，特别困扰我的事情除了疾病本身，还有一件事就是孩子的正常生理发展。我们想让他像所有孩子一样晒晒太阳（但过敏严重的人要避免日晒），想让他的小手自由活动，想任由他像所有口欲期的孩子一样用嘴自由探索，可是都做不到。这一度成了我的烦恼，甚至我还暗暗说胡话：要是我什么都不懂，也许还会好受一点；懂那么多关于孩子的事，又解决不了这些烦恼，真叫人抓狂。

　　口欲期要满足孩子口腔探索的需要，手的敏感期要让孩子做手部探索……而我的孩子却不得不在这几个关键期被"捆着"手。因为湿疹巨痒难忍，所以孩子会忍不住抓挠，而抓挠又会带来二次伤害，皮肤溃烂得血水交加。孩子每次被捆得不能动，我们看着本该活泼好动的小人被弄得就像一个小"囚犯"，我的心就像被针扎一样一阵阵地痛。

　　在此过程中，他和所有孩子一样也是什么都想自己来，我个人认为自主性敏感是孩子一生中非常重要而宝贵的天性，不能因为眼前外在的疾病就什么都帮他做，这种耽搁估计以后是我们父母承担不起的，所以我就想尽一切办法帮助孩子保留他这种"主观能动性"的种苗。比如，我时常偷偷放开他的小手，让他做当时那个阶段他要做的动作和探索，只是这要花费我更多的看护时间，几乎不能松眼。一旦发现他又被痛痒困扰，想去挠的时候，我就只有赶快给他上药，以减轻他的痛苦。随着我给他安排的"工作"越来越丰富，孩子表现出了惊人的"毅力"，他有时居然被"工作"深深吸引而暂时忘记了痛痒。这一点很明显，一旦什么时候没有事做了，他就这里痒那里痛，想到处去抓挠。

　　总之，我们尽量尊重他想自己做事情的想法，变着法儿地让他满足体验。实在不能满足的，我们也只能当他能听懂一样，告诉他："我们知道宝贝很想自己做，而且也相信你能做得很好，等你的皮肤好一点了，就可以自己做了。"

到了后来，当他的身体一天比一天好的时候，没有什么再影响他了，他做事就更加得心应手了，也更容易专注。

不过有几次我还是失败了，因为我实在不忍心让他捆着手睡觉，就让他带着婴儿手套睡了，结果一家人几乎整夜都没有睡成觉。隔几分钟，他就会被自己的手"摧残"一次，"重灾区"不是流血就是出水，然后自己难受得直哭。这是我最不愿意回忆的一段经历，每次想起来都有无法言表的复杂感受……

这个话题请允许我就说到这里吧！这是我在任何授课场合从来不讲的经历，借着这次写书的机会，我才有感而发，也许这也正是文字的魅力。我的口才再好，讲座场面再感人，始终都不愿提到这段经历，以至于很多家长学员和听众粉丝都以为我讲蒙氏，因为我本来就很"蒙氏"，看我的孩子就知道了；我本来就很幸福，听我的蒙氏幸福课就知道了。这个问题是在一次和家长的座谈中我才意识到的。

有一位看起来很沮丧的妈妈说："我先讲讲我的经历……我不明白自己为什么要遭受那么多不幸，要是像晓玲老师这样有一个这么优秀的儿子和幸福家庭该有多好。"听她说完后，我真的在那一刻动过念头（要不要讲讲自己的经历），但我最终还是没有那么做，因为我还没有准备好。于是，我也只有淡然处之，诚恳地安慰和劝导了她一番。也许等本书面世的时候，我应该亲自送到她的家里，得到她的谅解。告诉她，我并不像她想的那样，幸福的家庭和优秀的孩子都不是天生的，它只属于对自己和孩子永远不放弃的灵魂。

温馨贴

世界上没有绝对完美的孩子，更没有绝对完美的父母，不要把大好时光浪费在消灭遗憾上，而是要尽一切可能用在享受孩子与我们共度的时光里！

爱是比磨难更强大的力量

我孩子（乳名恩恩）的病情大幅度减轻时，他已经两岁多了，上幼儿园以前病都是反反复复，这里不出疹就那里出疹。三岁后病情减轻，但一直复发，直到现在还隔三岔五发作，只是出疹面积越来越小了。我很感恩生命中在我的家庭最艰难的时候照亮和温暖过我的家人和朋友，感恩遇见激活和唤醒我内在教育潜质的蒙台梭利精神。我通过自己孩子的特殊经历，验证了科学理论，同时也推翻了许多偏激的论调，从此才有了许多教学上的成绩。

可以说，恩恩在童年虽然遭遇了一些磨难，但是有一种比磨难更强大的力量真真实实击退了它，把对他的伤害降到了最小，以至于今天在他"身上"几乎看不到磨难的痕迹。我们能看到的是他被激发出来的某种内在的坚强和抗干扰能力（专注）。那个力量就是爱！我和他爸爸都默认，那段时光承载着我们此生到目前为止自己最有觉知的爱，我们试图用"爱"这种良药去对抗疾病对心灵的伤害，结果也令人宽慰。而至于他后来各方面的发展还算不错，没觉得缺少什么，这又得益于博大精深的蒙台梭利教育。这些在后面的章节里都会详细谈到。

球掉了，捡起来，就这么简单

说完我自己家庭的经历，再来看看别的家庭，毕竟还是健康的孩子居多。试问，如果没有像我孩子一样或者情况比之更严重的这些经历的家庭，是不是遗憾就会少一些呢？依我看，不见得。

我每年当面接触到的家庭至少有上百个，因为除了给正式学员上课，平常一有空我就会做一些公益讲座或者到企业、学校讲课，案例还真不少。间接接触的家庭就更多了，比如通过电台、电话、邮箱、微信等方式。这些家庭的孩子大多都是健康的，并没有什么突出的身体问题和其他问题，但是每家父母都有说不完的遗憾。并没有让人觉得他们的孩子少了健康方面的麻烦，遗憾就少了多少。比如，父母没有时间陪孩子，隔代教养产生的后遗症，不知道怎么带孩子而错过了各种关键成长期，父母自身性格不好给孩子带来的不同伤害等，遗憾数不胜数。

一千个家庭就有一千个以上的遗憾和烦恼。

之所以开篇就谈这个话题，绝不是让你成为一个被动者，放弃对美好的向往，相反，我是想让你知道"遗憾是在所难免的"，你应该做一个生活的主动者而不是被动者。想到就要去做，不要太在乎结果。从生老病死的角度看，人的结局都是一样的，不同的是生命的过程和灵魂的安放。养育孩子不注重过程，注重什么呢？很多你羡慕和看起来很成功的父母都不是因为他们的人生没有遗憾，而是因为他们跌倒再站起来，就这么简单！

在很多方面，我们都应该向孩子学习。刚学会走路的孩子，如果他要捡一个球，摔几次都不妨碍他捡球。在他们充满童真的小脸上，我们看不到一点犹豫和伤感。他们实在摔疼了，顶多是哭几声，然后继续向球走去。拿到球露出笑脸的那一刻，也许脸上还挂着泪水呢！

匆匆前六年，影响悠悠几十年

2015 年 4 月 9 日

儿子今天去超市又是只要笔，我和他爸一开始都不太想答应，因为家里已经有不少了，但是看到儿子很坚持，而且也不是什么不好的东西，于是我们就想测试一下他的坚定程度。我们用各种好吃的零食"诱惑"他，但是眼前这个两岁多的小男孩却眼睛都不眨一下，肯定他要的就是笔。这下我们被他折服了。看着他拿着自己心爱的彩笔一蹦一跳走出超市，我又开始"穿越"了。

他从小见得最多的就是妈妈用笔写字（我除了写作几乎没有别的爱好），每次我写他也"写"（一开始是画，后来是自创文字），有时写完自己的还会到我的日记本上写一写。我从来不纠正他拿笔的姿势，也不教他写什么和怎么写。现在我的日记本上都还留有他的"小作品"，我的这种"不作为"让他深深地爱上了书写和画画。至少到今天，他还认为最好的礼物就是笔，最好的自我表达方式之一就是写写画画。

如今看来，那些"小作品"发挥了很大的作用，没有阻止他画，反而给我留下了很好的教学素材。

人生最重要的时期是 0 ～ 6 岁这一阶段，而并不是大学阶段。因为，人类的智慧是在这个阶段形成的，而且人的心理也是在这个阶段完成发展并定型的。

——玛利亚·蒙台梭利

孩子 6 岁前的奥秘

建设一栋高楼大厦叫"建筑工程"，发射一颗人造卫星叫"航天工程"，那培养一个孩子呢？我们叫它"人类工程"。

大概 20 年前，我第一次到建筑工地参观的时候，看到几百个工人正在一个深坑里忙碌而有序地工作着，那坑大概 5 米深，全部用的都是桩基，很是震撼。我当即就问了旁边的项目经理："这是要盖多高的房子？"他说是 20 层的大厦。他们已经两天没合眼了，因为浇灌地基不能停下来，很多地方都要一气呵成，地基打不好，这栋大楼就废了。他还介绍说，他们建筑公司在另一条街同时还盖着一栋 30 层的当时同城最高的大厦，那个地基更深也更复杂，现场看起来更壮观。我当时对建筑的第一印象就是"盖楼靠地基"。

当然，这在今天已经不算什么了，世界最高的哈利法塔桩深 50 ～ 110 米，上海中心大厦桩深 86 米。楼房的高度取决于它的地基。虽然地基最终都会被掩埋，能看到的只是主体部分，但人们依然明白应该把建设的重心放在地基上，不敢掉以轻心。

那么堪称比盖房子复杂得多的"人类工程"，我们又是怎么做的呢？

刚好相反。

人类工程之所以后续问题不断，就是因为对基础建设的疏忽。人们总是把重心放在那些外在的东西上，比如学习成绩、工作单位、社会收入等。这些相当于大厦的主体和装饰部分。仿佛父母一生的积蓄就是为了花在让孩子上个名校，有个体面的工作，有个成家的房子上。有一大帮的家长等着孩子上小学后，才开始在财物和时间上"发力"。而在奠定人生基石的前六年，让他们糊涂"混大"。孩子要么让老人或者保姆带着，要么就是自己敷衍了事地带，要么就是一知半解，听说流行什么就盲目给孩子学什么，以示重视。

也许在多数人的传统观念里，就没有把育儿当成是一个所谓的"工程"。他们认为各阶段之间没什么联系，也没有什么目标和宏观意义，一切都只是随机发生的，包括生命的到来和逝去。对生命整体观的无知与漠视导致人们对儿童的误解：小孩能知道什么，他们能记得什么，懵懂无知又没有什么实质的生产贡献；只要给他们吃好、穿好，让他们健康长大、快乐一点就好了。自己要抓住这个"黄金时间"赶快工作赚钱，等真正上学的时候再想办法给他们找好的学校、接受好的教育就可以了。

有一次家长交流会上，一个爸爸振振有词：

我孩子现在才两岁，对他好，他顶多亲你一下，高兴一下；不满他的意，连我都不认，耍脾气不说，还动不动就叫着不要爸爸、不喜欢爸爸，一个劲儿要妈妈。

我只要出差超过一个月，回到家他就对我生分了，这不记情分的小家伙，就像我之前对他所做的都没有发生一样。反正现在我做什么他都记不住，而且天天陪着他也看不出什么明显的成效来，还不如现在就让他妈多带带，我还是老老实实出去多投入工作，多赚点积蓄。等他大了，长记性了，我多为他做点什么，恐怕他还知道一点我的好。

也许成人的无知才是教育真正的障碍。

孩子的前六年是无比宝贵的黄金岁月。蒙台梭利对人类的重要贡献之一就是，提出了学龄前儿童教育的重要性。她用了大量的论证和实践向世人证明：0～6岁是一个创造性的阶段，是人生成长过程中最重要的阶段。孩子对世界的印象和感知、性格的形成、学习、生活习惯的形成等，都出自这个阶段。她说："虽然刚刚出生的婴儿还没有形成性格，但他们的性格恰恰是从这时开始发展的。"

蒙台梭利把人的成长划分为四个阶段（见图1-1）。

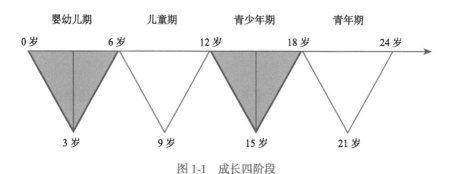

图 1-1　成长四阶段

成长阶段的划分和研究让人类的教育又前进了一大步。这意味着我们可以按照各阶段人的成长规律和特征，有针对性地帮助一代又一代的人。

生命在每个阶段都有自己的成长目标，如果某个阶段没有得到相应的发展或者造成一些伤害，那么这些缺陷将会一直保留下来，延续到下一个阶段，而且影响也将越来越严重。

比如，孩子在出生后的3年内，如果他遭受心灵的伤害、暴力或其他不良的影响，其性格就有可能发生一定扭曲。如果想对儿童在0～3岁期间形成的缺陷进行矫正，那么3～6岁是宝贵的修缮机会，此时无论是家长还是老师都应该抓住这个重要的时期进行补救。因为此时大自然还在帮助儿童形成和完善他们的其他能力，是基础构建的末尾阶段。但是，如果孩子的缺陷没有得到纠正，那么这些缺陷将会对他的心理和智力发展产生消极影响，到了第二个阶段（6～12岁）孩子就会出现学习困难、对正确与错误的不良认知、智力发展水平低于正常值等现象。其他阶段依此类推。

蒙台梭利曾经把孩子的成长比喻为"织布的过程"，她说："6岁以前的时间对于儿童来说是极为关键的，因为'布'是在这段时期内织成的。儿童在这时候所获得的各种能力将陪伴他们的一生。具体来说，他们走路的方式、做事的风格都会形成一定的模式，融入他们的性格，成为稳定的特征。"

不动声色的 0～3 岁

晶晶妈妈刚来到我们蒙氏家长学校的时候，是一个问题很多的家长。她几乎每次上课都是"有备而来"，有问不完的问题。她3岁的女儿非常粘人，特别爱哭，不喜欢跟小朋友玩，恋乳情结严重，语言发展相对迟缓。幸运的是，每周在她妈妈来上课的时候，我都有机会能观察到她，当我发现她除了妈妈描述的那些性格问题，并没有其他身体和智力方面的缺陷时，我决定了解这位妈妈的相关信息，内容如下：

- 父母的性格特征、兴趣爱好以及父母生育时的年龄。
- 怀孕期间的一些情况（如妈妈是否在怀孕期间发生过什么意外情况，是否曾突然摔倒或被惊吓，是否抑郁等）。
- 儿童在出生过程中是否正常，出生时是否健康，是否缺乏活力，是否在婴幼儿期住过院或者和母亲分离。
- 母乳周期、断乳方式。

○　教养过程中对孩子是否过于严厉、是否打骂，孩子是否受过大的刺激和惊吓等。

经过了解，有一个重要的信息引起了我的关注，晶晶两个月大的时候住了一次院，大概是 20 多天。我请晶晶妈妈就这次住院再多谈谈，果真说出了不少细节。她说，在医院治疗期间，第一周家人只能是限时探望，孩子并没有一直和她在一起。当出院回家后，她就明显感觉到孩子和之前大不一样了。特别爱哭，睡不安稳，夜里也总是要醒来好几次，每次含着乳头就不愿意放，除非是真的睡着了。因为当时没经验，所以即便发现孩子已经变得很难带了，还以为这么大的孩子可能就是这样的，就没太在意。现在回想起来，孩子住院前后差别的确是挺大的。

无独有偶，在我们的学员中，刚好有另外 3 个家庭也遇到了类似情况。他们的孩子都是刚出生或者出生后 3 个月内长时间住过院，其中有两个孩子后来出现了自闭的倾向，剩下那个则是偏多动、缺乏安全感。虽然不能说都是生病住院的原因，但是这些孩子都有一个共同的经历，即生命最初是在医院度过的，而且曾经与妈妈分离。

孩子在最初正准备与子宫外的新环境、与他朝夕相处了 10 个月的妈妈建立联系和信任的时候，遇到了非正常的经历（生病）和隔离，这对新生儿来说是十分不幸的。就像蒙台梭利说的那样，当我们发现了孩子的问题，就应该顺藤摸瓜仔细查看、反复核查他之前的经历。

孩子年龄越小，经历的事情对其影响越大。这和我们过去以为的"小孩不懂什么，不记得什么，这没关系的"等观点是截然不同的。因为他们最弱小、最没有话语权、最得不到尊重、最没有"生产力"，所以很多成人（包括父母）习惯轻视第一阶段的孩子。

我继续把晶晶的案例讲完。这个可怜的小姑娘后来的断乳经历也不太好。由于那次出院，孩子变得特别依恋乳头，而且还越来越严重，妈妈经常睡眠失调，不得已在 9 个月的时候，用抹苦汁、离家等强行的方式断了奶。以至于孩子后来已经不吃母乳了，但变成了每天要手摸着妈妈的乳房才能入睡，而且还特别容易惊醒。

种种迹象都表明晶晶的成长过程并不是很顺利，她遭到了强制而粗鲁的对待（强行离乳），精神胚胎时期收录了一些她自认为不太安全的信息，比如治疗期间没有拥抱和亲吻，没有人跟她说话，只有冷冰冰的病床、病房、医生和护士；妈妈会没有规律地消失；她的哭声没有人可以理解，病情本身给她带来的不良感受等。她是一个内心极不安全和对外界极不信任的女孩。

其实晶晶的这种情况并不特殊，在我们身边和老一代人中，不知道有多少个家庭重演过。只是很多人都不知道这些问题是问题。就算已经显现出来，比如懦弱胆小、不专心、好动、智力障碍、恋物癖等，成人依然不知道问题出在哪里。有的可能归结到先天，有的可能归结到别人和外界的影响。谁会知道是那些懵懂岁月留下的痕迹呢？0～3 岁发生的事不动声色、不易察觉，而实际上每件事都是刻骨铭心、惊心动魄的。

每个孩子的差异不是从"一个考了 100 分，另一个考了 50 分"那天开始的，他们的差异是从出生的那一刻甚至更早就已经开始了。晶晶和他们不同的是，她是不幸中的万幸。因为她妈妈的意识拯救了她，及时抓住了其 3 岁后的成长。

我告诉这位年轻的妈妈："从现在起，你专心做两件事，一件是开始耐心地长时间做信任感训练，一件是让孩子工作。"

简单的妈妈最有福，她在蒙氏家长学校的学习很认真，会提很多问题（一般只有亲自实践过的人，才能提出有实际意义的问题）。现在晶晶 5 岁了，和两年前我看到她时已经判若两人了。她们母女俩现在有时间还会时不时地回来看看我，或者重温一下课堂。女孩的成长和变化时常令我感慨万分：

孩子，就是那一粒种子，你只要给她恰当的环境，成长的事就不用你担心了。我们成人不应该太关心孩子会不会长大，我们应该关心的是自己会不会"给它浇水施肥"。

如何增强孩子的信任感

针对安全感不足的孩子，要从建立信任入手。

 温馨贴

◎ 对于孩子来说，信任就是不改变！

◎ 所有孩子才来到世界时，他们都以为万物是不变的、恒定的。人物、环境、空间的改变总是会给孩子带来不小的麻烦——内心的恐慌和躁动。恒定而有序的事物能让他们有安全感。

◎ 这种现象会在秩序敏感期结束后逐渐减弱，直至孩子可以像成人一样接受改变。在孩子已经获得内在定位，清楚了自己的归属，获得对周围环境与人的基本认知之后，这种现象才会逐渐消失。认知的过程就是安全感建立的过程。收集到的恒定信息越多，孩子就越安定。

导致孩子安全感不足的人为因素大致有：

①孩子出生时没有被欢迎和关爱，曾被隔离或生病住院；②频繁更换照顾者；③孩子常常被恐吓和威胁；④父母关系不稳定或离异；⑤孩子的

"重要他人"（依恋对象）常常不规律地出现和离开；⑥成人常常不守约、不守时等。

针对上述各点，父母需要有如下认知：

第①点，是无法再改变的事实，往往知道的时候已经成为过去，除非照顾者提前了解新生儿的精神需求才可能避免。

第②～④点，是人为可控、可改变和补救的部分。

第⑤和⑥点，可通过信任感训练改观的部分。

守时，会让孩子对成人产生信任。有了信任，他们就会对成人的离开与出现有一定的心理把握，不再莫名地恐慌。父母可以按如下几个阶段，对孩子进行信任感训练。

第一阶段

和婴儿玩"躲猫猫"是一个不错的开始。以游戏的形式让婴儿开始对物体的"出现与消失"有一个心理认知。

在这个阶段，大人还不能离开婴儿身边。只是当面对婴儿时，大人要蒙住自己的脸部，从2秒到5秒循序渐进地延长蒙脸时间。大人数着秒数（注意，这很重要，人类天生就有数学倾向，不要担心婴儿是否听得懂。我们对数学的认知最重要的就是要与生活发生关联）。婴儿本来就比大人敏感，长此以往做这种练习，孩子对数字和钟表时间都会异常敏锐。

第二阶段

学步期以后的幼儿就可以逐步做"分离式信任感训练"了。

从很短的10秒开始训练，时间根据幼儿的接受度而定。妈妈告诉孩子自己有什么事，10秒钟以后回到他身边。10秒钟以后，妈妈一定要准时出现（不要离开家）。这样反复多次多日的练习，以孩子已经完全适应和接受为前提，再适当延长时间：20秒、30秒、1分钟……

第三阶段

在第二阶段的基础上，逐步延长分离时间。在家人轮流照顾的情况下，可以离开家，但一定要在约定的时间出现。

因为之前已经有长达一两年的时间在玩这个"游戏"，孩子早已经对妈妈信任有加，他已经明白妈妈即使离开也会在约定的时间出现，所以不再会对妈妈的离开焦虑、哭闹。

总结

这个训练的重点在于，妈妈一定要在约定的时间出现，否则就会失去效果。另外一个重点就是要循序渐进，不能第一次训练就时间过长，让孩子不能接受，否则会导致孩子抗拒再次尝试。

小技巧

婴儿时期是大人口头数数，孩子两岁以后就可以使用时钟了（沙漏和计时器也都可以）。时钟的用法是离开前指给孩子看针指到哪里的时候妈妈会回来。孩子不懂得看时间也能完成这个任务。

除了时间之外，你和孩子还会有很多其他约定。比如，明天带你去游乐场，睡醒了做什么……如果父母有随口承诺而过后又不一定执行的习惯，那么孩子对你的信任就会逐渐减少。

前六年如何影响孩子的一生

关于孩子的前六年，父母在很长一段时间里都在做着本末倒置的事情。蒙台梭利对发展四阶段特征与教育现状做了对比（见图1-2）。

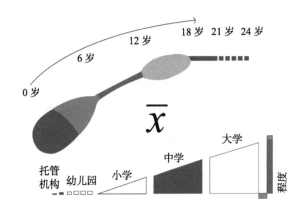

图 1-2　成长四阶段与教育现状的对比

图 1-2 非常直观地表明孩子第一个阶段的成长在所有阶段中所占的比重。尤其是前三年，这是人的成长最神秘的时期，具有巨大的潜能。蒙台梭利坚定地认为，人生最重要的阶段是在前六年，因为人类的智慧和心理是在这个阶段形成并定型的。这与我们中国古人所说的"三岁看大，七岁看老"不谋而合。

婴幼儿居然能学会复杂的语言而且不止一门，难道你不觉得这是一件不可思议的事情吗？蒙台梭利说，儿童吸收和学习语言是一件特别深奥和难以理解的事情，可是他们却悄悄在一两岁前就掌握了，而且这是在无意识的状态下发生的。试想，他们在无意识的状态下就能学会一门高难度的本领，这不是天赐良机又是什么呢？这对成人来说也是很难的事。

那小小生命到底还蕴藏多少潜能？也许前三年全身心照顾孩子的妈

妈们都有机会获得更多的可靠数据。

从图 1-2 中我们可以看到，人的身体发育和心智成长变化最大、最关键的前六年得到的教育配比是最少的；另一个成长冲突较大的青少年期（人的第二个"婴儿期"），在蒙台梭利看来并不是最适合学习的阶段，教育任务却是最密集的。青少年要承担身心发育方面的巨大矛盾和繁重学习任务的双重压力，这是不符合自然生长规律的。难怪对学习没有兴趣的青少年越来越多，厌学和叛逆的青少年也越来越多，这值得我们所有人深刻反思。

不得不说，是蒙台梭利把孩子的教育时间整体提前了。在此之前，人们都认为 6 岁的孩子才能进学校。

为什么前六年有那么重要呢？

下面我从各个方面来说明。

学习

一个人爱不爱学习、会不会学习，这在人生的第一个阶段（前六年）就已经奠定基调了。孩子爱学习源于成人对孩子兴趣爱好的保护和给予探索的自由程度，会不会学习源于孩子接受的教育方式是否自然合理。

从原则上说，所有孩子刚出生都是爱学习的，几乎是为了学习而生的，但是后来为什么有的孩子不爱学习甚至抵触学习了呢？这要拜瞎指挥的成人所赐。不理解孩子的学习方式就会使孩子失去学习的兴趣。成人以为学习就是被"教"，就是学知识，就应该有知识点的成果反馈，比如，学数学就是数字和计算，学语文就是读书和写字，搞得孩子兴趣全无。殊不知这些所谓的知识，它们的原理都藏在生活和大自然里，每个孩子都知道这个秘密，所以他们拼命地用身体去感知世界，对什么都感兴趣。孩子就是在活动中学习、在探索中学习、在环境中学习，不被教授、不被填塞，一切趋于自助化。成人按照自己的经验和思维教孩子，这对他们是极大的束缚。

如果理解并满足孩子的学习需求，那么他们的学习热情和求知欲就会完好无损地保留下来，终身成长。反之，如果违背学习天性，自然就会连同他们的学习兴趣一起被逆转。

再说说比较典型的语言学习。前六年和之后学习，效果完全不同。6 岁以下的孩子能同时学会几门语言，可以接受和重现所有的腔调和发音方式（近乎母语）。但是 7 岁以后这种特殊的能力就会逐渐减弱，直至消失。在此之后学会的新语言多少都会带着一些功能性缺陷，即发音和语言逻辑思维的缺陷。

习惯

当你的孩子在 3 岁前养成了物品归位和分类摆放的习惯；6 岁前养成起床叠被、随手关灯和关门、遵守时间和约定、睡前阅读或写作、道谢等习惯，那么你会惊奇地发现，只要没有经过什么特别的干预或破坏，这些习惯会像影子一样伴随孩子一生。

处理情绪

6 岁前的情绪训练将会使孩子终身受益。0 ～ 2 岁是孩子一生中大脑发育最快速、最重要的时期。3 岁基本"格式化"完毕，之后就是"编程"。虽然人的大脑一生都有可能在变化，但是年龄越大变化越小，其基本构造在 7 岁前就已经成形了。我们都知道情绪是由大脑来控制的，孩子在情绪方面的学习和经历都将直接影响大脑处理情绪的定式机制。在第一阶段（0～6岁），如果孩子形成一生气就打人、砸门、摔东西等这些情绪反应模式，那么日后纠正起来的难度是难以想象的；反过来，如果他生气的时候，从一开始接受的处理模式就是先冷静后处理或用语言和运动等方式来处理，那么这类模式也会让他终身受益。情绪反应模式一旦定型是很难改变的（不是绝对的），成人应该在孩子成长的第一个关键期用"身教"的方式帮助他，使他成为一个有情绪管理能力的人。

思维模式

先来看三个例子：

（1）如果一个孩子从小总是一哭就被大人用美食哄，一哄就乖，那么他长大以后悲伤情绪的应急方式极有可能就是"吃"！

（2）如果一个孩子从小总是一哭就被强行阻止或者惩戒、被暗示"哭是不好的行为"，那么他长大以后也将会有处理悲伤情绪的障碍，要么过度反应，要么回避。

（3）如果一个孩子从幼年就是以故意出格、犯错来吸引成人的关注，而且这种行为未能得到照顾者的及时纠正，照顾者也终未改善自己对孩子的精神照顾，那么这种行为将会影响孩子终身思维习惯的形成，他将来在学习、工作、生活中都将不自觉地采取这种"引人关注"的方式去解决人际和生存问题，这并不是正常人格的表现。

这些都是成长经历带给人的思维模式，用卡罗尔·德韦克[⊖]的思维模式理论来说，是固定型思维模式，与之相应的成功思维模式是成长型思维

⊖ 卡罗尔·德韦克（Carol S. Dweck），女，美国心理学家，美国斯坦福大学教授，首届"一丹教育研究奖"获得者。

模式。卡罗尔·德韦克在她的调查中发现，年仅 4 岁的孩子就已经出现思维模式的差异。这跟成人给他们的暗示（贴标签）和灌输有很大的关系。思维模式受环境的影响巨大，这就是生活在不同国家的人语言及思维模式有差异的原因。

值得注意的是，有一些应急思维模式是影响终身的，比如以上我举的三种思维模式就很典型。不管何时何地，当遇到紧急或者突发事件的时候，最先跳出来的还是他童年形成的那种思维模式。

心理

这是最隐秘的部分，微妙而复杂。蒙台梭利在对儿童心理进行研究时，也提到了潜意识这个层面。她说 3 岁前的记忆仿佛是一个谜，被造物主巧妙隐藏起来了，但不记得不代表不存在。日后会在人的性格和应急机制方面表现出来。孩子所经历的事件和情感都会不同程度地形成潜意识里的一部分。她认为"神游、说谎、占有欲、抵触、依附、支配欲、自卑、恐惧"都是儿童的心理偏差所致，这些偏差在 6 岁之前都是有机会修正的，但是如果不帮助孩子进行修正，心理偏差就会慢慢变成心理疾病。

几乎所有研究青少年犯罪和心理学的人都有一个"倒推公式"，那就是暴露罪行的年龄不等于产生罪行的年龄。根源往往在童年的经历中，而且多半与亲子关系有关。

其他方面

现代脑科学研究发现，幼年时孩子遭受过严重暴力或者其他创伤性伤害，大脑会发生根本性的改变，容易罹患精神疾病、药物成瘾、创伤后应激障碍等。

孩子的前六年去而不返，他们总是原谅你、相信你，总是死心塌地、毫不保留地爱你，想哭就哭、想笑就笑从不隐藏，你甚至都还没明白他是怎么学习的，转眼就又学了一个新本事……这些宝贵的特质，是今后任何一个阶段都不可能再重现的。

请带孩子避开急功近利的商业教育模式，让孩子畅畅快快地感受亲情、享受生活。玩着就可以长大，父母何乐而不为呢？很多妈妈诉苦道，养孩子费力又花钱，但这多半都是自找的，因为你忘了让孩子"玩"，只顾着让他"忙"着上各种辅导班。当世界越来越复杂时，简单便成了稀有品质。

我自己带孩子的"前六年"

我绝对算不上一个特别细致和勤快的妈妈。生活线条很粗，不会什么都想要，只专注于我认为重要的事情，所以经常做"减法"。但同时我又算得上是一个十足的走心派和实干派。想好的事情说干就干，没人看好也会干。

就拿当妈妈这件事来说吧！自从知道自己怀孕就果断停止了一切工作上的筹划，毫不犹豫。我严重被新生命的到来"冲昏了头脑"，马上被大脑主动调到最紧急、最重要的档位上。对于一个专门挑"大事"做的人来说，做出这个选择一点儿都不难。

没人知道当我得知自己身体里住着一个小生命时的那种喜悦和感恩之情。我的精神世界完全被充满，甚至还觉得这是自己一生最大的成就，即便当时的我在事业上已经小有成就。我非常非常兴奋，仿佛已经知道了将来要和肚子里的这个小家伙大干一番事业似的，随时一副"备战"的架势。估计是受我的强大气场影响，连孩子爸爸也慢慢被我带动了起来，对未来的生活满心期待，工作也特别带劲。

就这样，再高的收入和职位也抵挡不了我"变身"的计划。快速完成角色转化之后，便一心驶入了教育的轨道。我开始学习和研究各种教育模式，寻找与自己内心相符并且能打动我的声音，直到认识蒙台梭利。

孩子出生以后，小家伙更加像一块磁铁一样牢牢地吸引着我。他的一举一动都仿佛在召唤着我，软化着我。他对妈妈天然的需要让我获得了前所未有的使命感，而且这种感觉越来越强烈，仿佛自己这一生最大的事业就是养好他。以前那些我追求过和在意过的所谓的职场成就、事业发展统统在我的世界退出了。那时我才意识到因为孩子的到来，自己的变化有多大。不是学习研究的对象变了那么简单，孩子的出现已经深深影响到了我的人生价值观。从那一刻起，我眼里只有孩子，到哪里都在观察孩子，琢磨孩子。

我下定决心全职陪孩子享受前三年，还十分确定这是家庭最重大的"投资"。孩子爸爸很支持，而且自己也加入了陪伴的行列。我尽可能多地待在家里，尽量不应酬、不出差、不加班。所以，那段时间我们的家庭收入急剧下降。但这是我们做过思想准备的。我们一致认为，钱可以慢慢赚，以后还有很多时间可以工作，而陪伴孩子的时光是去而不返的。后来事实证明，生活可以很富有，也可以不富有。其实人真正的需要并不多，大部分都是出于"欲望"。

在这期间，和所有父母一样，自从有了孩子，我们的手机经常会收到各式各样的早教课程推销、这样那样的潜能开发课程推销，还有就是身边妈妈们的各种躁动（让孩子学这学那）等，出于了解考察，一般我还是会去看看，但是从来没有为此焦虑和纠结过。我日夜构思的蒙氏家庭理论和实操越来越成形，看完一圈，始终还是没有更能打动我的，我还是暗自深深地佩服蒙台梭利。家庭中的儿童只要遵循蒙氏原则和理念教养，一定会更出色，这一点我从来没有怀疑过。

所以我的孩子并没有上过外面的早教班和培训班。他上的是最亲切、最实惠、私人订制的早教，"教室"就在家庭中、就在大自然中。说句题外话，这还为我们家省下了一大笔费用。倒是我花掉的学习费用不算少。

孩子两岁多的时候，我已经有很多育儿经验和心得了，像是不分享出来便要溢出来，《蒙爱之声》就是在那时开始录制的，但纯属个人情怀和爱好，不为一分钱收入。

那段时间，我都是利用晚上孩子睡着以后的时间来学习、录节目、写稿子。白天只做一件事，那就是全情投入地带孩子。我的投入是周围人和朋友们都公认的，我不离开孩子，但也不怎么"管"孩子，他自己有最大限度的自由。我的投入更多是在详细记录和观察孩子的每一点成长与变化，甚至详细到他词汇的发展统计以及喜怒哀乐。无论走到哪里，我的眼里几乎只有孩子，不只是我的孩子。我对这些神秘的小精灵着迷，他们的一举一动仿佛都转化成了一个又一个的数据输送到我的大脑，我认真做着比对、组合、筛选、推测。我企图一点点地去验证和实践蒙台梭利家庭教育。所以那三年即便我也会带孩子去商场和街上，但都不是为了消费，在那段时间我几乎没给自己买过比较贵的衣服。我的重心早已经从那些物质的诱惑里解放出来了，这一点也要感谢孩子的到来。

现在回想起来，那段节俭的生活反倒成了我最舒服自在的时光。人一旦内心充实就不会流于外表，这一点毋庸置疑！

是儿子给了我无限的教育灵感，他与其他所有我观察和接触过的小朋友都成了我的活教材，他们才是我真正的老师。

三岁那年，我们准时、顺利地把孩子送进了幼儿园。他不再需要我的全天照顾和陪伴了，他需要一个有自己理想和目标的妈妈来做他新的榜样。

到我们工作的时候了。

任何生命都应该在其特定的阶段发挥其特定的价值！

我到现在还清楚地记得，孩子上幼儿园的第一天，我送完他回到家的第一件事就是找来一本全新的笔记本开始狂写不止。我写了一份一万字左右的前三年总结。一写就是一天，时哭时笑、时呆时狂，那天我像足了一个"疯子"。写着写着，我意识到那些经验的宝贵，它不应该只属于我们一个家庭。我有了全新的规划：求学、考证、考察、创作、办学校……

蒙台梭利就这样正式走进了我们一家人的生活。

我再一次完成了人生角色的转化：从一个全职妈妈变成了一个有多项职能的女性——孩子放学，我就是妈妈；孩子上学，我就是老师。这也许是再好不过的选择。

亲子关系是一生中最值得投资的关系，它关系到两代人的幸福，尤其是对孩子以后的婚姻、家庭、事业影响深远。无数的例子证明，从小与父母关系不好的孩子，长大后婚姻和事业的失败率远远高于与父母关系好的孩子。他们非常容易不经意间就走上了父母失败的老路。尤其是父亲和女儿关系不好的这种模式，对女孩一生的影响巨大，她们的安全感令人担忧。为了寻求童年缺失的爱，女孩会盲目寻爱，放纵自己，甚至沾染社会恶习。另外，男孩在幼年得不到充足的母爱也是人生一大悲剧，以后便会多了一个没有爱的能力的男生，少了一个有爱心、有责任心的男人。这些关系十分微妙，人们在处理的时候时常不去考虑它的后果，被眼前的假象蒙蔽。

对于父母来说，亲子关系始于婴儿期。其他关系都会随着你的工作、经济、环境的变动而变动，并不能和你的生命发生实质性的连接，只有亲子关系终身相随。

 温馨贴

在孩子3岁前，你应该是一个全职妈妈。

◎ 在婴儿期，婴儿与母亲是一体的。母亲的陪伴能较大程度地减少婴幼儿的心理焦虑和情绪波动，这无形中为儿童适应社会、完善自己提供了帮助。3年时间并不算长，但影响孩子的却是一生之久！

◎ 3岁前被迫分离和寄养都不符合自然规律，妈妈应该尽一切可能把孩子带在自己的身边，为他提供充足的精神营养，让他成为一个人格正常、精神富有的人。

◎ 努力挣钱，让早教机构来教育你的孩子，这是最不划算的"买卖"。用生命影响生命才是这个阶段最合理的教育。

◎ 如果你有时间但不懂怎么带孩子，提前投资自身的学习是一个不错的选择。

在孩子3～6岁时，你应该是一个兼职的妈妈。

◎ 孩子上了幼儿园，你还是全职妈妈的话，就是你的失误了。你应该活出一个有追求、有理想的人生，给孩子做榜样。闲散和空虚都会让人意志消沉，这样的状态难以给孩子提供必要的精神营养。

◎ 这个阶段，你的工作不在于多么忙碌和如何晋升，也不在于积攒更多的财富，你需要的只是适当地工作，充实你的人生，发挥你的价值。孩子只是不完全需要你，并非一点儿都不需要你，他还在第一个成长阶段，依然需要你的陪伴。

第 2 章

『蒙氏父母』
有一种父母叫

父母和孩子无论怎样，都应该彼此有尊严地活着，幸福地活着！

被遗落的"初心"

2015 年 4 月 20 日

> 上午带儿子到小区的儿童娱乐区玩，我看与他同龄的孩子都敢滑那个弯道滑梯了，唯独他不敢滑。起初我还按捺得住，一言不发，提醒自己不要催促孩子。但是后来，当比他小的孩子也敢滑的时候，我居然莫名其妙走向儿子，想说服他也去试试。
>
> 当无论我怎么劝说和鼓励都无果时，心里禁不住沮丧起来。
>
> 我今天是怎么了？哎！说好让他慢慢长大的。

人的一生中最没有准备的事，为人父母算一件！

不管你多么渴望成为父母，准备了多久，当一个鲜活的生命降生在你的怀里时，你依然会深深感到准备得还不够。每个人都是从"笨手笨脚"开始这一段奇妙旅程的！

我记得:

第一次给孩子洗澡的时候,仿佛手都不是自己的,简直不知道该往哪里放?无论放哪里,都生怕伤到那个娇嫩、幼小的生命。

第一次给孩子喂奶的时候,一开始还自我感觉良好,但是身边的医护人员和自己的爱人都看得出姿势别扭,大家都在说这里不对、那里不对的时候,当妈的我开始焦虑了,生怕孩子吃不饱。

第一次剪指甲、第一次换纸尿裤、第一次孩子生病……

似乎一切都和想象的不大一样。每个父母都会有那么一瞬间怀疑自己是否有能力把眼前这个小宝宝养大?

当然,父母们后来都会明白自己当年的担心是多余的,只会越来越娴熟,还开始有了自己的风格。从一开始大家都在同一起跑线上笨手笨脚地摸索,到后来孩子开始出现了差异,教育问题才开始浮出水面。这时候,家长议论和担心的话题再也不是吃饱穿暖了,而是集中在孩子的能力和学习上。所谓父母"自己的风格"也就成了孩子差异形成的原因。

父母在解决了起初的基本喂养问题后,随着孩子一天天长大并强壮起来,他们也开始不再谦虚,甚至变得越来越强势。当初只专注于解决孩子的喂养问题而没有多少自我情绪,为了给孩子换纸尿裤到处请教的父母悄悄不见了,他们开始对孩子的态度发生改变,开始调整自己的期待。从单纯只希望孩子健康长大,到希望孩子各项发展技能达标,再到要求孩子不给自己丢脸、出类拔萃等,父母对孩子的期待一直都在变。

当初那段笨手笨脚的日子,成了家庭最温馨的回忆。孩子要是能为自己发言,我想他们一定会说:

我宁愿自己的父母一直都那样"笨"!这样他们就不会什么都跟我抢着做,还对我有那么多要求了,说不定我还成长得更好,偶尔给他们露两手，让他们刮目相看，也不至于像现在整天奔着他们给我定下的各种目标跑。我总感觉给家庭拖后腿的是我，老犯错的人是我。他们这么能干，我一点成就感都没有！

无论是孩子还是成人，都需要更多的理解和包容。我还清楚地记得，当我还没有当妈妈的时候，我似乎更偏向于家长一些，当听到家长的各种诉苦时，我也偶尔会被他们带动，不自觉地站在他们这一边，想好好找孩子们谈谈。但是当我自己做了妈妈，我的笨拙与孩子的坚强和神奇形成了鲜明的对比，我有限的爱和原谅跟孩子无限的爱和原谅形成了鲜明的对比，曾经几度让我羞愧自己当年的武断和傲慢。我越来越敬佩造物的神奇，孩子的难能可贵。我自己孩子重病的那些日子，虽然一方面心理上我是伤痛的，有时还会把问题想得很糟，但是另一方面我又是被鼓舞的，因为孩子每天都在让我看到生命的顽强，他每天都在克服一切困难发展自己，仿佛在说服我：忧虑不能帮助我，妈妈你要振作，享受我今天的样子，明天我又是新的我了，时间会溜得很快哦。

于是，在2015年的那个冬天，我决定把我的所见所闻、所思所想和对蒙氏教育的真实体验用自己最熟悉的工作方式——电台，传播给别的妈妈。站在理解孩子与父母的双重角度，我的节目一经播出就引起了数以万计父母的关注。从此，在这条路上我就再没有停下来。从简单的经验分享到形成课程体系、开办父母学校，在这个过程中，我亲身见证了父母们的蜕变和孩子的成长，后来逐步形成了群体风格，我亲切地称呼他们为"蒙氏父母"。

以下是我对蒙氏父母的一个文字素描。

蒙氏父母有一种独特的教育气质：忙得有章法，闲得有情调。该自己做的绝不含糊，不该自己做的绝不插手。相信孩子是他自己最好的老师。

他们和所有父母一样深深爱着自己的孩子，但是爱和自由的背后是对自然界规则忠实的坚守，不是放任。

他们的孩子和所有孩子一样会淘气、会犯错，但是他们不用拙劣粗暴的惩罚和奖励这种得不偿失的原始方法，选择相信孩子会帮助自己变得更好。

他们比谁都重视教育，但从来不会让孩子感觉到被教育；他们也会默默帮助孩子修正其不足，但不会让孩子察觉到自己的不足。

📝 **温馨贴**

◎ 养育孩子，是人在情感和精力上的巅峰体验。

◎ 养大一个孩子，在我们今天这个社会是人人都可以做到的事，但是要养育好孩子，就算在当下仍然是一件很有挑战的事情。父母意识和格局的差异是孩子与孩子最初差距的来源。

蒙氏父母肖像图

2015 年 6 月 2 日

快上幼儿园了，正准备给儿子练习使用立式小便池。朋友雪中送炭寄来了一个正适合他使用的可爱小便池。

尺寸小小的，还方便挂在任何我们想要挂的高度。儿子一看见就喜欢上了，很兴奋地参与了小便池选址和固定的整个过程。

我统计了一下，今天恩恩一共使用了八次小便池，就算没尿，也要跑过去挤上几滴。

没想到第一天就把这件我原以为要培养一段时间的"大事"给搞定了。

环境能刺激孩子的行为，参与感能增强孩子的归属感。

第一组对比图：洗脸

传统妈妈   蒙氏妈妈

蒙氏父母的高明之处（一）：为孩子创设独立发展的环境（帮助孩子实现自助式成长）。

第二组对比图：孩子抢着扫地

传统妈妈   蒙氏妈妈

蒙氏父母的高明之处（二）：成长不是为了防止孩子犯错而阻止孩子的工作，而是为孩子预备适合的工作材料鼓励孩子工作。

第三组对比图：收纳

传统妈妈　　　　　　　　　　　蒙氏妈妈

蒙氏父母的高明之处（三）：玩具陈列式摆放并且制定规则在先：一次取一样，从哪里拿就放回哪里去。

第四组对比图：妈妈累了

传统妈妈　　　　　　　　　　　蒙氏妈妈

蒙氏父母的高明之处（四）：尊重孩子的感受，也尊重自己的感受。每个妈妈都需要适当的喘息，没有质量的陪伴不如休息。给孩子合理的界限，懂得彼此尊重。

第五组对比图：选择

传统妈妈　　　　　　　　　蒙氏妈妈

蒙氏父母的高明之处（五）：命令只会让孩子越来越走向被动，而选择可以帮助孩子走向独立和获得被尊重的感受。

第六组对比图：孩子自己穿衣服

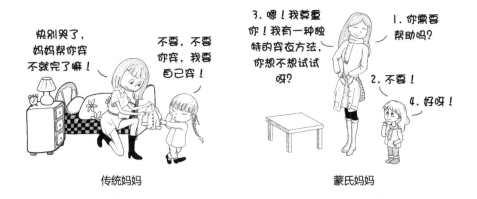

传统妈妈　　　　　　　　　蒙氏妈妈

蒙氏父母的高明之处（六）：不帮助孩子做他自己能做的事情，但也不会让他们独自面对自己不会做的事。有时孩子拒绝是想证明他自己的主权，但不代表他具有相关能力，父母的尊重会让孩子放松情绪从而接受建议。

蒙台梭利有一盏灯，为你我而留

2015 年 12 月 4 日

> 《蒙爱之声》第一期节目上线，恩恩放学回来听见我的手机里传来他熟悉的声音，若有所思地问我："妈妈，手机里怎么有你的声音？"
>
> 我带他看了我的录音设备，给他介绍了怎么把声音录到那里面又播放出来的过程。他感兴趣极了，也想试一试。
>
> 当我给他准备好，告诉他可以开始说话了的时候，他开口的第一句话是：妈妈，我爱你！

蒙台梭利有一个心愿，

那就是把"她"带回家！

她期待看到"面貌全新"的儿童和"脱胎换骨"的父母，

期待世界和平！

关于玛利亚·蒙台梭利，大家熟知的也许是：现代教育史上最杰出的教育家之一，意大利第一位女医学博士，三次被提名"诺贝尔和平奖"候选人……

的确，这位伟人的光环无数，蒙氏教育法影响了世界幼儿教育的格局，改变了全世界的教室，这是众所周知的，可是许多人并不知道蒙台梭利还为世人留了一盏可以点亮家庭的灯，这盏灯专为你我而留。

美国著名教育改革家多罗西·坎菲尔·费雪是将蒙氏教育法引入美国的重要人物之一，她曾亲自到罗马拜学，追随蒙台梭利博士（1911 年）。后来回到美国发起了一场儿童教育的革命。说到家庭，她是这样诠释蒙氏教育的：蒙氏教育体系的一个不自觉的目标，不是别的，就是改变人类的家庭生活。她应该算是蒙台梭利本人以外最早高声呼吁"应该让蒙氏教育思想贯穿于家庭生活之中"的教育家了。

强强的妈妈是我早期的一个学员，她给我留下的印象也是十分深刻的。她报名学习的时候曾经犹豫了一阵子，理由是她学历不高，担心来学习是浪费时间和学费；还有一个原因是当时她和孩子爸爸的关系有点紧张。但是上过我的公开课之后，那颗一直在"徘徊"的心又总是在催促着她应该来学。我后来问过她：是什么吸引了你？她说具体也说不清楚，只觉得你所讲的正是我所想要的。在她犹豫的那段时间，我们并没有人去干预她的抉择，是她本人在开学前一天晚上主动下定决心走进蒙氏家长学校的。当她毕业的时候，她最大的感慨就是：如果那天晚上我做了另一个决定，那么我将会遗憾终身。

自从这个学校开办以来，我们没有招聘过一个真正的营销人员。说起来还是源于我某方面的固执，我只收自愿来学习的家长。如果在没有搞清楚的状况下，只是被朋友影响而稀里糊涂就来上课的家长，她听一两堂课觉得不适应，我们允许主动退学！我认为这很正常，再好的菜肴都有人喜欢和不喜欢，我们等的是适合的人而不是所有的人。

我为什么这么在意是不是自愿学习？

蒙台梭利的教育精髓就是，创造一切条件让孩子自主成长，成为他自己。一个人只有在自主、自愿的前提下，大脑和心理才会做好学习的准备，效果才会事半功倍，而且富有创造力。但如果这个人是被动学习，那么也别指望他会有创造力的爆发。

回到强强的妈妈。正因为她的谦卑，再加上是自己思想斗争了许久而自愿下定决心的，她和孩子的改观是她那个班里最大的。她高度配合课程的要求和进度。学完环境教育那一课回去说干就干，把家几乎变了个样。尤其是原来那间杂乱无章的一半储物、一半闲置的客房变化最大，当她果断扔掉该扔的，整理了该整理的，给孩子呈现出一个完整的工作间时，据说孩子当天晚上兴奋得久久不愿上床睡觉。

又当她学到沟通课的时候，她把与孩子的那些沟通方法用在了丈夫的身上，结果得到了意外的收获。最后的几堂课，她已经不再总是低着头记笔记、坐在最后一排最左边位置了。她从最后一排挪到了正数第二排，从一个人变成了两个人。原来是丈夫看到了她的改变、孩子的进步，两人关系慢慢缓和了，想来探个究竟。他很好奇是什么改变了他的妻子。

就这个案例，我有一些特别的话要说。

我们不得不承认，如果父母没有一定的学识功底，学习蒙台梭利教育方法的确是有一些困难，这一点不能避讳。比如，在上儿童心理学和专业课程（科学文化、语言、数学）的时候，有些父母会有点儿吃力。就像强强的妈妈，她自己还有很多知识并没有懂，毕业以后她还时常回来反复学习。

问题来了，那难道因为学历问题，有些父母就不得不与蒙台梭利失之交臂吗？

我的看法是，如果你是要从事蒙台梭利教师的工作，那么学识基础是必备的。如果不是博学多才又好学上进，是承载不了博大精深的蒙台梭利思想的。孩子天生有向比自己优秀和能干的人学习的倾向，也天生有审美和追求真理的倾向；一个没有真材实料且不理解蒙台梭利的老师，来教授艺术和哲学，这是不能真正帮助到孩子的。他们也不能唤起孩子的求知欲，天然地吸引孩子学习。关于这一点，我认为任何蒙氏教育机构都不应该在选拔老师上妥协，毕竟人才是可以选择的。

但是，父母完全不一样，是孩子不可以选择的。

父母在孩子心目中的地位和作用是老师不可以取代的，他们所能赋予孩子的生命内涵也是其他人都不能给予的。父母不只是负责传授孩子知识和经验，他们对于孩子来说几乎等同于全世界，囊括了太多关于生命无形却珍贵的意义！所以，给父母的学习设置门槛没有多大意义。

就像强强的妈妈，虽然有一些学科性的知识可能她真的听不太懂，但是她比谁都改变大，她最终赢得了孩子的进步和丈夫的合作，这对于一个母亲、一个妻子来说，难道不比她考一堆学历证书回来都更有意义吗？她过去对孩子大呼小叫；孩子一哭就被责骂，不听话还会挨打；不知道该怎么跟孩子沟通；一个人大包大揽，孩子就只爱看电视；家里的摆设毫无秩序，也没有孩子的工作环境，玩具比书籍还多。但是后来的她，除了不敢带孩子做学科性的工作以外（是我让她在自己没有完全搞懂之前不要轻易教孩子的，第一印象对孩子很重要），其他方面她真的很出色。

她尽自己最大的努力去理解和尊重孩子，学着用语言沟通的方式解决问题，让孩子做他自己想做的事。最重要的是他的孩子渐渐远离了电视，因为妈妈不断更新工作环境，这更激发了孩子探索的兴趣。

她的认真和努力被孩子和丈夫看在眼里。孩子的可塑性最大，所以他的改变也是最大的。哪怕妈妈有一点改变，他都会无意识、自主地做出相应的调整来适应新的"环境"。

强强的妈妈有一次在课堂上分享说：那天早上，强强起床以后没有到卫生间去洗漱，而是往客厅沙发上一坐，遥控器一按就又呆呆地看起了电视。她十分恼火，恨不得冲过去把电视给砸了，然后狠狠地教训孩子一顿。还好忍住了没那样做，她先是控制住了自己的脚，没走向电视和孩子，深呼吸了三下，但是那股怒火实在太难熄灭了，于是就用了不太好的语气说："你就知道看电视，我限你三秒钟马上把电视关掉。一、二……"她刚数到二，强强一紧张猛地站起来找遥控器，手脚慌乱之下，不小心把茶几上的一个水杯打翻了，里面的水洒了出来。这时妈妈"三"的音刚发出来，孩子来不及收拾残局，一溜烟跑到了卫生间的马桶边上，坐下捂住了头。这是他的经验反射，他想自己又该被妈妈"收拾"了。

当看到眼前孩子恐惧而萎靡的样子，妈妈的心像被重物撞击了一样，马上意识到了自己的问题。于是她走进卫生间，没骂也没有打，而是抱住了正在发抖的儿子，跟他说："对不起，妈妈吓到你了。"她这句话才说完，强强"哇"一声就哭出来，眼泪哗哗一直流，他紧紧地依偎在妈妈的身上，仿佛要流尽当时他心里一切的恐惧和委屈。孩子敏感地接收到了妈妈的"反常"。他得到了前所未有的情感上的释放。从那以后，只要妈妈又大发脾气，强强就会说："妈妈，你该去上课了！"这也变成了他们家的一大特色。

感受到了妈妈的温暖和改变，孩子并不会变得更加放肆，这只会让孩子被激励，从而变得更愿意配合。点亮妈妈的那盏灯，终将也会点亮孩子。

如果强强的妈妈只是在学习情绪管理，那么故事到这里也就该结束了。但是蒙氏父母的工作到这里还没有完，她处理完情绪、跟孩子联结上以后，接下来还应该马上行动。那天上午她都在琢磨如何改进环境，刺激孩子自觉做事。

一是改造卫生间。她意识到卫生间的环境改造不能再等了，必须马上进行。原来是一直等着爸爸有时间再请施工队帮忙加一个小洗手池和小马桶，同时配置一些挂钩和孩子自己用得顺手的小工具，但是爸爸那段时间都很忙，一直没有做这些事。每次叫强强去卫生间，他都提不起兴趣来。妈妈说干就干，下午她就带着强强去商场选购了一个活动小马桶、一个便捷的小脚凳（踩上去刚好适合于洗手池），还采购了挂钩、小肥皂盒等一些其他小配件。当天回家都放置好后，强强没事就往卫生间跑，一会儿去踩踩他的小脚凳，一会儿去检查一下他那一排小毛巾是否还好好挂在挂钩上。

二是整改电视机的位置。妈妈想到的是，既然孩子是优先选择便利的环境做事，那么他们家最方便的事莫过于打开电视机了。强强 1 岁多的时候就会自己开电视，因为实在太便捷了，只要一按遥控器的红色键就能掌控一台机器的事，怎么会不吸引孩子呢？她回忆说，其实当时她心里也闪过一个念头，就是干脆把电视机收起来算了。但是又考虑到上课时我说过的，3 岁以后没必要让孩子跟现代电子产品完全绝缘，这也是另一种"圈养"。还有就是孩子爸爸晚上回来看见这个大变动，会怎么想？他也许会觉得妈妈的方法太激进了，不再支持妈妈继续去学习怎么办？于是最后，她想了一个折中的办法，把电视机挪到了角落里，不放在客厅的正中。低矮的电视柜刚好可以用来做孩子的工作陈列台。还有就是加大开关电视的难度。让孩子用起来不是那么顺手，就像对待他那个可以拆装的机器人一样，弄几次装不起来就忙别的去了。她把遥控器收了起来，插线板拔掉。这样开电视就没那么容易了，至少需要大人的帮忙才可以。一旦孩子请求帮忙，那么这件事就变得可控了（她就可以和孩子事先约定时间）。

关于强强为什么起床后会有那些举动，还有一个原因就是起床后没有明确的目标和引导。这一点是当强强妈妈分享完之后，我在课堂中补充上的。成人与孩子的交流和引导不够，往往就会出现起床后孩子的"神游"，甚至不起床。在孩子还没有形成日常习惯之前，妈妈要很耐心地陪同孩子完成既定动作，直到他形成习惯。孩子的大脑此时还没有明显的意识反应，越小的孩子自控能力越差。如果没有经过长期训练并达到相应的年龄，他们最容易做的事情就是感兴趣的事情或者随遇而安。

在一次公开课上，有妈妈提问说：您认为做蒙氏父母最重要的是什么？我当时脑海里闪过一连串蒙氏父母的"肖像图"，但最后还是快速总结成了一小段话来作答，现场的父母听了都表示很认同：作为蒙氏父母，你可以没有大房子，但是不能没有教育孩子的大格局；你可以没有上过高等学府，但是一定不能不学习；你可以不是最勤快的人，但一定得是实干的人。

强强妈妈虽然学历不高，但是对于孩子来说，她比许多高学历妈妈更"实用"。她简单、认真、实干，学了就用，不会自以为是。比如，我给同班的家长们上蒙氏环境教育课，苦口婆心告诉大家环境教育的神奇，相信的人就去做了，获得了宝贵的一手经验，发现了教育的窍门。但是将信将疑的人回到家就不一定会真的去做，她的家庭和孩子原来怎样后来还怎样。蒙台梭利就没有真正被她带回家过，对此我们也无能为力。

其实父母相对于老师最大的优势，就是他们对自己孩子取之不尽、用之不竭的爱。我并不是说老师就没有爱，我自己也是老师。对于孩子，老师有爱，但相较于父母是不一样的爱。父母只针对自己的孩子，而老师面对的是众多的孩子。

爱是最大的潜能开发。所以对于父母，他们不缺爱，只是缺乏更科学和系统的方法；哪怕不能像优秀的蒙台梭利老师那样，每个动作都精准到位而且知识丰富，但是也不影响他们运用蒙台梭利的教育理念，成为一个懂孩子、会爱孩子、会带孩子的蒙氏父母。还是那句话，父母不可选，只要经过正规的学习和培训，那么他们一定能把天职发挥到极致。不需要父母都成为全才，也不是所有的培养任务都由父母来完成，父母只要把自己的潜能最大化地开发出来，就已经很好了。

在非洲的一个部落有这样一句谚语："培养一个孩子需要一个村庄。"美国前国务卿希拉里也用这句话出过一本同名书。一个孩子的成长，显然不是简单地只凭某个人的力量就可以完成，而需要健全和完善的社会力量参与其中。所以，父母们也不用给自己太大压力，尽力做好自己的本分即可。

我很敬佩蒙台梭利的勇气，在那个还遍布着体罚、以老师为中心、学生读书死记硬背等教育风气的年代，她敢于站出来向全世界宣告她那充满人性美育气息和智慧之光的教育方法。她之所以能让一些教师心悦诚服地放下自己的"教鞭"，退出高冷的"讲台"，把教室的主动权交给孩子，靠的是她那唤醒人性内知的思想。她倡导的老师的形象（温和而坚定、尊重孩子、跟随孩子、博学多才）和孩子的学习方式（自由探索、个性化发展、动手体验），正是大部分人心中曾经梦想过但没能实现的模式。所以，但凡有这些教育向往的人遇到蒙台梭利都会"一见钟情"，像遇到知音一样令人激动。教育思想的解放是无数人的渴望，但蒙台梭利和多数人不同的是，她去做了，而且成功了。

在每次的新生见面课上，我都会十分笃定地告诉家长们：遇见蒙台梭利，你将会遇见最伟大的自己。她的教育方法是激发孩子潜能的一把利器，这没错！但是对父母而言也是一把神奇钥匙，它能打开通往孩子内心世界的门、照亮你养育孩子的路。很多能称得上有教育情怀、做得很好的国内外蒙氏老师，大多是家长出身。他们起初都是因为自己的孩子，是在遇到这位一个多世纪以来最伟大的"潜能大师"之后，不由自主心生憧憬，走上了教育的道路。

温馨贴

◎ 很多人都已经知道我这个蒙氏老师"不务正业",不忙着给孩子上课,偏偏热衷于给父母上课。因为我始终认为给孩子上课的蒙氏老师不缺我一个,但是在父母身上也许我还派得上一点用场。

◎ 只要是找到我的家庭,我总是"不分青红皂白"地认为,首先需要学习的是父母,而不是孩子。结果都无一例外,这些家庭的孩子并没有比那些更早上课而父母不学的孩子差,反倒是后劲十足。社会上开始流行起一小批的"蒙氏父母",这个名字是我对他们的称呼。我希望这是他们学习科学教育后的气质特征,在任何软弱和焦虑的时刻,可以提醒自己如何回到教育后的正轨。他们真的曾经在我们学校学过很多的蒙氏知识,有的学期长达一年,比一般的蒙氏老师学习的时间还要长。但是每个扎扎实实学完的人,都是社会和家庭的一小束光、一粒盐,在不同的角落发挥着自己宝贵的生命价值。

◎ 养育孩子,即疗愈父母。每个人或多或少都会有一些童年的创伤,当我们做了父母,才发现许多人生的奥秘,才会更加深切体会到童年得到的爱和受过的伤,这些都将成为一个人生命中永久的烙印。

认识自我——我是孩子的什么人

2015 年 11 月 20 日

> 今早我们全家都起晚了，眼看就快迟到了，我就催着儿子快点穿衣服，声音僵硬又急促。
>
> 儿子道："妈妈，你别这样说话嘛！"
>
> 我猛地抬起头，有点意外地看着他说："那我要怎么说？"
>
> "温柔一点！你应该说：'恩恩，请你快一点。'"

教育孩子，我们能做到的最好准备就是认识自我。

——玛利亚·蒙台梭利

蒙台梭利说，她只是孩子的翻译！

亲爱的父母，你是孩子的什么人？

也许你正在拼命工作，准备给孩子最好的物质条件，所以你也许会说：我是孩子物质的保障者。

也许你每时每刻都在保护孩子生命的安全和健康，所以你可能会说：我是孩子的保护者。

……

我想告诉父母们，你们还有一些新的身份：

孩子成长的协助者！

孩子灵魂的服务者！

有一天我女儿赖着不起床，我从温柔地叫她起床到生气到最后炸锅，控制不住自己，一下子把女儿的被子"唰"地抽走了，还气得直说："你好话不想听，是不是？非要我动手是不是？"孩子一下子被惊到了，在床上蜷成一团大哭起来……

看到孩子哭着抽动的身体，我的眼泪瞬间也跟着流了下来。我这是在干什么呢？这个我曾经痛恨了很多年的画面，怎么会在我自己身上重演？我是那么痛恨我自己的妈妈当年这样对我，那时几乎认定自己的妈妈是世界上最讨厌的妈妈。她让我每天在惊恐、仇视中醒来，为此不知默默发了多少次誓：以后绝不做我妈妈一样的女人。可是为什么今天我所做的和我所说的每一句话却像极了她。我开始有点恨我自己！

——星星妈妈（31 岁）

我小时候被管得很严。从我记事起，我的父母就几乎没有同意过我主动提出来的任何想法，总是要按他们规定的来。最关键的是从来不让我自己做决定。所以我从上小学到上大学都是他们做的决定，我最大的梦想就是挣脱他们所谓的"爱"！但是从来没有成功过，或者说没有敢这么做过。

做了妈妈后，我认为机会来了。我发自内心想放养我的孩子。在怀孕的时候就计划，一定要让他成为一个有主见、有胆量的人。我要让他自己做决定、让他自己做选择，不管他怎么调皮，我想我都可以做到。

但是，你知道吗？事情根本不是这样的。

我儿子出生的头一年，我几乎每天都在有意识地提醒和控制自己，不要做我父母那样的人，我把我自己"调教"得看起来很民主。但我知道自己非常刻意，好像身体里住着一个更真实的自己，总是想跳出来掌控局面。为了压制自己，我把孩子带得很极端，以至于他刚上幼儿园的时候规则性很不好，经常我行我素，脾气还很大，无法融入集体。老师、身边人包括孩子爸爸都说我放养过度了。

我有一种莫名的挫败感，同时还有一点委屈。众人对我的看法给我很大的压力，于是我赌气跟自己说，要管孩子还不容易，我早就受够了控制自己。从那时起，我就不再压制自己，本能地想怎么管就怎么管。用孩子爸爸的话来说就是："你没发现你越来越像你妈妈了吗？"

这下，孩子更糟了。反抗情绪被我刺激到了极点，他甚至在每次被我弄哭的时候都会说："坏妈妈、臭妈妈，我不要我的妈妈。"后来孩子经常生病发烧，就算不发烧也不怎么吃东西，各种原因导致最后只能在家休学了一年。

现在认真想起来，觉得是自己太极端了，孩子很无辜。不知道为什么心里更加怨恨我的父母了，虽然知道自己不该这样做。

——小志妈妈（28岁）

这两位妈妈几乎都是擦着眼泪说完这些话的。我能明显感觉到她们内心的无奈和挣扎，还有一点彷徨。

父母的形象甚至言辞，都会深深渗透到每个子女的血脉里，就像有一首歌里唱的：长大后我就成了你！

你无时无刻不在影响着孩子

为什么人不用学习就可以为人夫妻、为人父母？

自从家庭教育越来越被重视，有一个声音就频繁出现在各界媒体：父母凭什么不用培训就可以上岗，他们懂得如何做父母吗？前几年我自己做教育时，心中也有几分认同。

后来，随着我对家庭教育的研究越来越深入，接触的家庭教育案例越来越多，看到了一些潜藏在遗传与教育之间很难撼动的东西。于是，我开始对"为什么所有人都可以不学习，就去做父母"这个疑问有了一些看法：每个人都上过"婚姻课"和"父母课"，不要再说他们不懂，就是因为他们"太懂"，所以才固执地带偏了孩子，就像上述的第二个妈妈。

请仔细想想，谁说新父母没有学习过？这世上还有哪所学校比家庭学校的学习时间长？谁说他们不会做父母？父母的样子早已深深刻在他们生命里，似乎没有谁比自己更清楚如何做父母了。

首先，每个人不管他愿不愿意、有没有意识到，无一例外都要在自己的原生家庭接受长达一二十年的"婚姻学校教育"，婚姻启蒙老师就是自己的父母。

其次，每个人在自己的"原生家庭学校"都会做一二十年的学生，家教启蒙老师就是自己的父母。父母如何教育你，你将来就会如何教育自己的孩子。

可见，问题不在于你有没有学习过，而在于你学习的质量！这些所谓的"原生家庭学校"的"教学质量"参差不齐、优劣掺杂，这才是每个人差距的所在。

原生家庭可能是一个生命的成就者，也可能是一个生命的残害者。

孩子一生最重要的学习都在父母身边完成，他们的爱和恨也在家庭中萌发，父母虽说并不是孩子真正的第一任老师，却是孩子生命中最重要的影响者，这是板上钉钉的事实。

所以现在棘手的问题是，要如何帮助那些不是"师出名门"的父母摆脱他们"母校"带给他们的"伤害"！

纵然也有不少幸运的人得益于自己的原生家庭，但是总的来说，生活中确确实实没有那么多"名校毕业生"。

当今全球都面临同一个问题：身体发育的年龄整体提前，但是心智成熟的年龄却在推后。当这些孩子逐步成长为成年人、做了父母，难免给人一种"孩子带孩子"的错觉。大家似乎都还没有做好准备对自己的人生开始负责，就已经要开始对另一个生命负责了。

对于现在的父母来说，温饱已经不再是头号问题，个人的需求占据主导地位。无论男女，每个人的社会活跃度都很高，为工作、为梦想、为名利，总之很忙碌。孩子的突然降临，才让这个大队伍出现了分流。一部分在匆匆的人群中急流勇退，开始回家带孩子；另一部分在洪流里继续匆匆向前，把孩子交给爷爷奶奶辈的人带，这是当前主要的抚养模式。

在第一届全国蒙氏父母集训课程简章里，我是这样描述当下父母现状的：

> 焦虑、孤独、恐慌、优越、无助是现代许多年轻父母内心难以名状的"综合征"。
> 大家似乎富有着但同时也贫穷着，似乎喧闹着也孤独着。
> 孩子需要我们恰当的帮助，而我们自己似乎更需要帮助。
> 因为，我们的心乱了！

对于现在的孩子来说，我们又成了他们的原生家庭。他们又会在我们这里学习"婚姻课"和"父母课"以及其他功课。

我们这一代原生家庭面临的不再是饥荒和战争，而是婚变和人心的演变，以及科技进步与人类情感生活的微妙碰撞：从电视到电脑、手机，再到智能机器人……不知未来还有什么。所以，我们的后代将会面临更多新的问题和挑战。从家庭到社会都要更加关注他们的人文、美德、社交等方面的教育。

所有人都应该知道，没有完美的原生家庭，更要知道大部分人都和你一样，成长历程并不是很顺利，但依然还是有后天通过自己的改变把人生经营得很幸福的人。

不是强迫自己与原生家庭划清界限，而是用实际行动来证实与他们的不同。这样你会活得非常疲累，直到最后又乖乖投降，就像前面第二个倾诉的妈妈。

你需要做的是重新认识自己身为父母的真正身份和角色，制定一个全新的目标，一心一意自查有没有向着新目标前进，完全抛开你是在重蹈覆辙还是要走出原生家庭的阴霾，选择原谅！

如果把你的大脑比喻为一台计算机的话，你现在需要做的就是输入新的程序，把之前那些你不喜欢的、害怕的统统格式化。

让我来告诉你新的程序是什么？父母是：

○ 孩子成长的协助者！
○ 孩子灵魂的服务者！

孩子成长的协助者

孩子并不是你的创造，你甚至都不知道精子和卵子相遇以后是如何演变成为一个高等而复杂的生命的，你能为他做的是那样有限，所有一切生长的事情都是他自己悄悄完成的。所以准确来说，你既不是他的创造者，也不是他的所有者，协助者才是父母的本职工作。当孩子能够感知到自己内在的强大，生命才能绽放出夺目的光彩！

蒙台梭利一再强调，孩子没有成人想象的那么脆弱，并不需要一个完美的人来拯救他；孩子不是父母的私人财产，他有自己独立的人格，同时有权利决定自己的喜恶，并不需要你为他打下江山，让他成为被动的继承者。没错，他们离不开成人，但他们只需要我们的协助，仅此而已。全世界孩子的心声是：帮助我以自助！

协助者的意义不是协助孩子成长，而是协助孩子让他自己自助式成长！如果你协助或者纠正的是孩子稍微练习几次或者不久就能解决的事情或问题，那么你实际上就是在害他。

一、协助者的工作

1. 为孩子提供适合成长的环境，让孩子与环境发生互动的过程中实现自我教育和自我创造。

2. 为孩子提供正确的示范。

   语言√　行为√　情绪√

3. 不帮助孩子做他自己能完成的事情，也不给孩子提超出他们能力范围的要求。

二、协助≠帮助

协助和帮助作用不同。

前者，孩子是主体；后者，孩子不一定是主体。

我们一直在强调要让孩子成为他自己。孩子的的确确也是什么都想

"让我来",但是在完全实现这个教育理想之前,身边需要一个给他提供"武器"的协助者。没有绝对的独立,就像没有绝对的自由一样。作为协助者,父母的首要任务就是提供可操作的环境,让孩子自己完成!

比如,他想练习开关水龙头,你事先得为他准备一个方便工作的洗手环境,无论是高度还是大小都便于孩子使用和练习;而不是每次都要求助于你。他需要自己也很独立、很自由,像大人一样做自己想做的事情。做到这几点,会让他的内心很知足、自信、有尊严感。

他想自己做个简单的水果沙拉,如果你把协助者的角色理解为帮他样样弄好送到他面前的话,你又错了。孩子想自己做水果沙拉的冲动比吃大得多,他要的是自己亲手做。协助者的任务应该是为他准备一把适合他小手使用并且安全的小刀、一块大小合适的菜板、高度与孩子身高相称的工作桌,以及水果和沙拉酱等材料。当孩子吃着自己亲手做的美食,内心洋溢出来的是自豪感:这是我自己完成的。

我们再举一个阅读的例子。如果孩子每次想看书都需要来询问你的意见和请求帮忙拿书给他(其实他也不太确定自己想看什么),然后拿到书以后还要临时想办法去哪里看,那么几次以后他可能就会放弃做这件事了。在这样的环境下,你帮助孩子拿书、帮助他读书、帮助他认字等都是无用的。你要做的事是帮助他创造一个阅读的环境。有自己固定的一个小空间,那里有低矮的书架,可以顺手就拿到;有舒服的小椅子、小沙发或者地垫,有充足的光线等,可以随时方便孩子自主地去享受自己的阅读时光。

一个合格的协助者,他的工作总是润物细无声、处于隐藏状态的,不会让被帮助的人感觉到自己的无能与无用。

我们来看一组对比图:

1. 穿鞋子

帮助者

协助者

2. 阅读

帮助者

协助者

3. 吃饼干

帮助者

协助者

当孩子提出不合适的请求时，父母没必要以权威的姿态直接回答孩子"不可以"，而是用启发式的提问充分调动孩子的自主性思考。

帮助者

协助者

当父母对孩子的请求没有异议时，不用直接"批准式"地回答"可以"，而是仍不忘以有限选择的方式给孩子一个合理的边界。

4.背书包

帮助者

协助者

5.为什么

帮助者

协助者

温馨贴

◎ 在实际生活中，有父母会把协助者极端理解为：什么都让孩子自己做；或每次都对孩子说，你自己的事情自己做。一段时间后，他们就会发现，当请孩子帮忙的时候，孩子就学会了原话奉送：我不！妈妈的事情，妈妈自己做！

◎ 蒙台梭利锻炼孩子的独立能力和自主学习能力，是基于对各阶段孩子发展特征的充分观察，为他布置适合该年龄阶段特征的环境，以让他自主工作、探索。适合孩子的工作，是他能够胜任或者稍微努力、反复几次就可以完成的工作。适宜的环境才能激发孩子的工作欲望、获得成就感。并不是笼统的什么事都给孩子做，不适合孩子的工作会影响孩子自主学习的热情。太简单的事，孩子没有兴趣做；太难的事，孩子做不到便容易产生挫败感。

◎ 协助者的使命就是要观察你的孩子，准确判断他的发展需求，然后默默协助他排除成长障碍，让他大步、自信地往前走。父母的协助不是张扬的帮助，更不是代替孩子做事。成长也需要尊严！

孩子灵魂的服务者

当你正准备大刀阔斧为孩子谋划和掌舵的时候，有人告诉你这个身份，即孩子灵魂的服务者，这可能会有点令你不知所措。

父母都习惯了主导而不是向导。主导和向导的区别就是，前者有决定权，后者没有决定权。

就好比你到了一个旅游景点，向导的职责只是告诉你哪里有什么游玩项目可供选择，但是最终的决定权属于你自己，他并不能主导你必须怎么做或不能怎么做。

父母最高层次的爱是为孩子灵魂（精神）服务的爱。蒙台梭利认为，当你开始习惯并渴慕观察孩子的精神现象时，说明你已经做好了成为一个蒙氏教育工作者的准备。

什么是为孩子的灵魂服务？最直白的解释就是：你每天不只是关心孩子的吃穿，你应该更关注孩子的精神世界，具体如下。

1. 精神状态

○ 孩子精神充实的表现：满足、喜乐、情绪稳定、内心充满爱、眼睛明亮、做事专注、自信、积极乐观、容易相处、讲纪律和规则。

○ 孩子精神不充实的表现：空虚无聊、无精打采、容易犯错、情绪不稳定、黏人爱哭，做事不专注、任性、胆怯、混乱。

○ 孩子精神充实的途径：专注地工作；自发性兴趣得到满足；学到自己想学的新东西；好奇心和探索欲得到满足；价值感得以体现。

2. 情绪状态

○ 做什么事孩子平静？

○ 做什么事孩子喜悦？

○ 什么事最容易让孩子生气？

○ 孩子恐惧什么？

3. 兴趣爱好

○ 什么事能让孩子专注？

○ 什么事孩子喜欢重复？

4. 学习状态

○ 自主学习□ 渴望学习□ 被动学习□ 排斥学习□

通过科学的观察并得到准确信息以后，你就会非常清晰地知道自己这个协助者应该在哪方面为他服务了。这就是经常跟孩子谈谈心、聊聊感受、关心他的兴趣爱好的父母更容易获得孩子的信任，与孩子无话不谈，一直保持亲密的亲子关系的原因。而只关注孩子吃穿的父母和孩子的共同话题会越来越少。这些孩子不缺吃、不缺穿，但时常感到孤独和无助。

身体服务者和精神服务者的区别

1. 接孩子从幼儿园出来

身体服务者

精神服务者

2. 参赛前

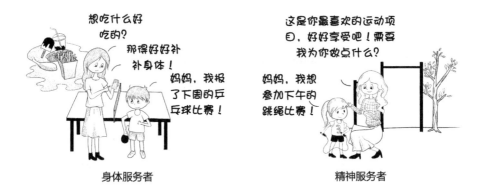

身体服务者　　　　　　　　　　精神服务者

"完美"妈妈是个陷阱

父母没有权利选择生一个什么样的孩子，就像孩子没有办法选择降生在什么样的家庭一样。这一点，所有人都是被动的。你最大的主动权就是可以决定自己成为什么样的父母！孩子的差距主要源于家庭的差距。曾几何时，多少父母都疯狂地想追求完美，现在也还有不少这样的父母。

我接触过几个"完美型妈妈"，她们最终都以失败而告终。失败的信号就是孩子向父母期待的相反方向发展，亲子关系越来越疏远。她们发现无论自己怎么拼命想做好，但是结果都不可能如预期一样好，有时还更糟。越做不好越焦急上火，越上火，孩子越带不好。这是一个无休止的恶性循环。

向往完美本来是正常人格的表现，但也有正常和病态之分。

所谓病态追求完美，就是太过于注重结果，如果结果不达到完美的话，就不放过自己或他人。但事实上，这个世界哪有那么多完美的人和事，结果导向使得人的成长空间连同结果一起被事先设定，不能充分享受做事的过程，显得对自己和别人都很苛刻。而正常追求完美，指的是享受追求过程，为自己的每一次努力和每一点进步喜悦和满足，成长空间无限。

不做完美型父母，意味着你不会把完美的结果当成唯一目标，否则孩子和你自己都将永远看不到进步，只看到还没到达终点的遗憾，从而把幸福葬送在追求完美的途中。但我需要特别指出的是，不做完美型父母并不是说父母就得过且过、不思进取，有一颗追求完美的心没错，只是目标不在终点，而是在努力和拼搏本身。父母和孩子应享受今天比昨天好、这次比上次好的过程，如此的人生才是终身成长的人生。

还有一种完美心态也是值得我们注意的，那就是父母过度强调"不做就不做，要做就做到最好"，这会让孩子不敢尝试、惧怕失败和打击，内心的安全感岌岌可危。没做过，焉能好？但凡精湛的技艺都是千锤百炼出来的，过度灌输"要做就做到最好"的观念，那万一孩子就是没做好怎么办呢？让孩子产生恐惧可不是一个好兆头。人的焦虑90%都来自恐惧，另外的10%来自无知。孩子因为惧怕自己做不到最好，干脆就拖拉起来、懒散起来。

你想力求完美、不留遗憾，这又是何苦呢？每个生命都是顽强的个体，唯有相互尊重才能赢得方寸栖息之地。时间，对于每个人来说都是不可再生的资源，何不如把它都用在享受当下呢？

虽然哲学家尼采[⊖]的那句"每个不曾起舞的日子，都是对生命的辜负"得到了很多人的喝彩，包括我。但是当我遇到蒙台梭利，这句曾经令我神

⊖ 弗里德里希·威廉·尼采（Friedrich Wilhelm Nietzsche，1844年10月15日—1900年8月25日），著名德国哲学家。

往不已的名言渐渐失去了神采。因为我感受到那些不曾起舞的日子，并不一定是对生命的辜负，而是一个生命从稚嫩走向成熟必经的过程，是下一个精彩的伏笔。我们要鼓励孩子去尝试和探索，鼓励他们用自己的感知去探索这个世界，这样才能真正适应和融入这个瞬息万变的世界。

每个日子都在起舞，意味着可能不再有新的篇章和变化。当我无数次看到一个又一个的孩子，他们在失败中学习到了成功的方法、在跌倒中学会走路、在忍耐中获得优秀的品格，我就不会再去要求他们每一刻都"翩翩起舞"。我会发自内心期待他们更真实地活着，享受人生的高低起伏。当我自己的每次觉悟和教育心得诞生之前，都会经历一场思想的激战甚至是一段暗淡的沉淀时光，我再也不会苛求自己的每一天都是光彩夺目的。如此一来，我的人生反倒越来越充满奇幻的色彩，更加值得自己和家人期待。

从蒙氏教育的角度出发，我并没有打算告诫所有人要做"完美父母"，我们要做的是"终身成长的父母"。你努力做好爸爸、好妈妈，会这会那、有这有那，如果这对孩子的成长没有帮助，或者你的付出和给予不被孩子接受、是他不需要的，那么这就是没有意义的。与其花时间做到完美，还不如多去了解孩子，然后和他一起见证彼此的成长。要求自己或者孩子完美都是在浪费人生。我不确定每个孩子都有能力反驳父母的完美主义观，我只知道有一天他会说："爸爸妈妈，我永远也不可能像你们想得那样完美，我只想成为我自己！"

万物有其序也有其用，我们更看重每个家庭角色的"有序性和实用性"。

就拿父母这个角色来说，蒙台梭利为父母量身定做了最好的答案：孩子成长的协助者！

你是什么样的父母

父母类型测试

请认真做以下父母类型测试，做的过程中不要过多思考对错，你平常会怎么做就请选择相应的序号，否则会影响测评的准确性。

注：可以多选，最后把序号被选择的次数统计出来，被选择次数最多的序号就能说明你的主要类型。

1.孩子用笔在墙上乱画，你会

1）认为画就画吧，不应该把孩子限制得太死，大不了以后再重新刷一遍墙。

2）立刻制止，并果断采取行动，批评教育孩子的不恰当行为。

3）先劝说孩子放弃在墙上画画，但是看孩子画得很开心停不下来时，采取折中的办法："这次就这样吧，下不为例！"

4）第一时间明确告诉孩子："我很支持你画画，但墙不是用来画画的，纸和画板才是用来画画的。"说的同时，给孩子拿出纸或画板。

2.你3岁的孩子先动手打了别的小孩，你会

1）不主动询问，让孩子自己解决。

2）严肃教育孩子，让他向被打的孩子道歉。

3）上前去跟孩子讲道理，告诉他不能打人，然后又主动走到被打的孩子面前安抚其情绪。

4）主动询问孩子动手的原因，示范社交的正确方式，然后鼓励孩子自己去解决问题。

3.你3岁的孩子被同龄孩子打了，你会

1）非常生气，主动去批评打人的孩子。

2）很生气，让自己的孩子打回去。

3）先安慰自己的孩子，然后去找打人的孩子说理。

4）先观察自己孩子的反应，确认没有被打伤，则静观其变。事后加强孩子自我保护的意识和能力。

4. 孩子想看电视，你会

1）让他看，如果孩子看的时间太长，你就适当提醒孩子结束。

2）由你决定可以看或不可以看，如果孩子看的时间太长，提醒一遍不听的话，你自己动手关电视。

3）让他看，如果孩子看的时间太长就耐心劝说，劝说无效则警告：说好只能再看一集。

4）尊重孩子的想法但要事先约定，比如时间（或集数）以及违约怎么办。

5. 关于报兴趣班，你会

1）让孩子自己选择，不喜欢再换。

2）你自己先考察一番，然后选出最满意和看好的项目帮孩子报名，学完为止。

3）让孩子自己选择，实在选到你不喜欢的再说服孩子。

4）先带孩子体验，考虑一段时间之后再让他自己选择。学习过程中退缩的话先观察，如果是孩子自己的问题就鼓励他坚持，如果是老师和教学的问题就先停下来。

6. 孩子画的人物都不开心，你会

1）无所谓，尊重孩子的选择。

2）不能接受，说服孩子多画些开心的人。

3）觉得不合适，但担心说了孩子会不高兴，选择沉默。

4）一方面不干预作品，另一方面留心观察孩子的行为和情绪，回想他的成长经历，尽量找到根源，找个恰当的时间与他沟通。

7. 孩子每年的压岁钱，你会

1）放权给孩子自行支配。

2）让孩子存起来或者购买你认为有意义、有价值的东西。

3）先放权，发现孩子乱用再收管起来。

4）先听听孩子的想法，再提出你自己的想法，讨论后再进行支配。

8. 当孩子要求很疲惫的你陪他玩时，你会

1）为了不让孩子失望，继续撑着陪他玩。

2）果断拒绝。

3）不同意，但也不拒绝。

4）说出自己的真实感受，并明确告知休息的具体时长。

9. 你让孩子自己出主意，但是孩子出的主意又不符合你的要求或预期时

1）说民主就民主到底，听孩子的。

2）不能任由孩子乱来，既然不合适就直接告诉孩子你自己的想法。

3）很为难，一直试图引导孩子改变主意，直至符合你的要求。

4）既然让孩子出主意就要做好尊重的准备。告知孩子：虽然从我的角度不是很赞成你的建议，原因有哪些，但如果你还是坚持要试一试的话，我会尊重你。

10. 卫生间被孩子弄得一团糟，当你正要批评他时，却发现他正在专注做别的事，此时你会

1）看孩子在专注做事，不忍打扰，于是自己默默收拾干净。

2）错了就应该让孩子及时改正。

3）让孩子收拾干净，但是当孩子表达了你不应该打扰他专注做事之

后，你又自感小题大做了，自己收拾去了。

4）发现孩子当下确实很专注就暂停打扰，等孩子结束工作才提醒他应该去把卫生间收拾干净。

每个家长的身上可能同时存在着多种类型，被选择次数最多的那一项就是你的主要类型。当你越来越了解自己，你才有改进的方向。

答案：

选择1）最多的家长，主要属于放任型父母。

选择2）最多的家长，主要属于控制型父母。

选择3）最多的家长，主要属于优柔寡断型父母。

选择4）最多的家长，主要属于优质潜力型父母。

第2题和第3题：关于孩子"打架"的问题，要分两个层面来看。一个是"打"与"被打"的问题；另一个是年龄问题，不同年龄有不同的处理方式。题中主要是针对0～6岁这个阶段的孩子。

自己的孩子主动打别人，家长有必要主动介入。无论在什么情况下主动产生肢体攻击，哪怕有正当的理由，家长都需对此引起重视。我们不提倡过多干预孩子的社交，但如果是自己的孩子主动出手打人，家长就有必要干预。这是家长对孩子（动手方）最好的教育时机，可以借此机会给孩子示范社交和情绪表达的正确方式。

0～6岁这个阶段的孩子生气会动手，不喜欢会动手，喜欢也可能会动手，抢东西会动手，打招呼也会动手，自我保护意识过强也会动手。所以，当观察到孩子属于哪种情况时，家长就应该向他示范相应情况的正确表达方式，比如：宝贝，你要是喜欢姐姐，你可以问她："我可以跟你玩吗"，而不是用手去打姐姐；宝贝，如果你生气了可以大声说："我生气了，不喜欢你这样。"

关于被打方的孩子,家长虽有千万个不舍,但只要孩子没有什么大碍,家长都应该忍住,让他自己解决问题,因为你保护不了他一辈子。还有就是两三岁的小孩徒手打闹不足以造成严重的伤害,大人的过度惊慌反倒会影响孩子的自主判断能力。我们需要做的是,事后反复训练他保护自己的意识和应对方法。等孩子再大一点时,家长还要训练孩子如何选择性交友,识别、预测和规避风险。

总的来说,原则就是能语言解决的事坚决不用武力,教会孩子自我保护,孩子才不会吃亏,而教会孩子以武力取胜风险很大,因为每个人总会遇到比自己强大的对手。把孩子引向自我保护之路,才是我们父母当行的正道。

认识孩子

2015 年 8 月 5 日

后天就是儿子 3 岁的生日了,我今年准备给他做一个从出生到 3 岁的成长视频,在生日聚会上作为礼物播放出来。

当我把这些年收集的视频和照片在电脑上一个个进行编辑的时候,才发现自己完全是在"找虐"。从出生的镜头开始就控制不住飙泪到最后。短短 3 分钟的片子，浓缩了 3 年来我和孩子生活的点点滴滴，也许我的眼泪是在感叹生命的奇迹也在感怀光阴。

从他很配合地自己努力从妈妈的子宫里挣扎着出来到会说话、会走路、会自己做小家务、会认知自己的感受和照顾我们的感受、会安排自己做这做那……细细一看，每个事件的发生和他的成长，我们真正为他做的其实微乎甚微；孩子所见、所闻、所做的每件事，我们更是插不上一点手。这些是孩子一直在顺着生命的溪流，自己默默完成的。

孩子，妈妈送这份礼物给你，只为了让你看到：你自己是多么了不起！成长的每一天都是奇迹！

自助式成长

说来惭愧，直到孩子快 6 岁了，我才有机会亲身感受被"过度照顾"所带来的那种气愤和不可忍受。虽然"不要强迫孩子吃饭，不要主动夹菜给可以自己吃饭的孩子"等警告，我在课堂上不知讲过多少遍；虽然我自己的孩子并没有被我们这样对待过，但是……

我还是放下碗筷，像个孩子似的哭了！

那是一个只有我和孩子爸爸吃饭的中午，不知道是怎么了，我看着一桌子的菜就是没有胃口，心情也不是很好。我越是不夹菜，孩子爸爸越是有点着急，先是很平常地夹了一次菜给我，我没说什么，后来他边说着"好吃"，边不停地把各种菜塞进我的碗里。我心里开始有点不适，觉得自己像个不能自主的机器、一个不需要被尊重的机器，虽然很清楚对方是在关心你。当碗被填成一座小山的那一刻，我瞬间就崩溃了，一口也不想吃了。放下碗，眼泪禁不住地往下流，把孩子爸爸吓得不知所措，完全没搞懂我是怎么了。

那一刻，我的脑海里浮现出了无数个孩子的画面，他们原来是这样的痛苦，这样拿成人无可奈何！作为一个成人，我真不是在为自己哭，不吃就不吃，不会有谁对我怎么样。可是，如果那一刻我是孩子呢？原来成人对他们来说是如此的"鲁莽"、如此以爱之名强势剥夺他们的自主权利。

我一直十分感谢这次特殊的经历，按正常逻辑是不可能发生的，但是一切都像预先安排好让我去感受一样：毫无胃口＋坏心情＋关心过度的爸爸，一触即发！那样深刻的体悟让我终生难忘。再幼小的孩子都是一个不想被安排、被替代、被强行帮助的尊贵个体。他们不管做什么，如果是通过自己帮助自己完成的，他将获得一种无法用言语形容的成就和尊严。这种感觉会伴随他的一生，暗示着他的一切！

自从我开始从事蒙氏教育工作，"自助式成长"这个概念就在我的脑海中徘徊。无论是生活还是工作，孩子们的这种成长特性都展露无遗。那些我们看不到、帮不到的内在构建过程和实践过程，只有孩子自己才能够完成。比如，孩子仿佛知道自己要做哪些事才能让他的智力增长，于是他拼命运用自己的身体，去探索一件又一件新奇的事物；他仿佛也知道自己的身体需要什么，所以他一直都在努力自我调节肢体的发展和运动，增强肠胃功能和心理功能。

儿童心理学指出，儿童的深层恐惧是"长不大"，所以大人做的事情他们巴不得一件不落地都做一遍。他们热衷于模仿大人，热衷于像大人一样做事、说话，不喜欢谁把他们看成"小屁孩儿"，不喜欢被人包办自己的事，直到他们有了足够的证据证明自己有控制自己身体的能力，才会战胜内心的恐惧。

自助餐的启发

我们第一次带儿子吃自助餐是在他两岁十个月的时候。他一进到餐厅看到丰富诱人的美食就十分兴奋，这样看看，那样看看。当我们告诉他餐厅里的东西都可以自己取来吃时，别提多开心了，当然他的脸上还流露出了一丝丝疑惑，因为这和之前他去过的餐厅规则不同，而且当时他刚好处在秩序敏感期，欣喜之余又向我确认了一遍。

那天孩子在自助餐厅里就像一只放飞的小鸟，一直在自助化的"遨游"中享受，尽管没吃多少，因为他每样只拿一点点（我们事先告诉过他自助餐厅的规则），但是来回走了不少路。接果汁、控制冰激凌机按钮、夹菜、开关冰箱门取甜点……一直很享受自己的忙碌（是我这个跟随者比较累），他取了自己的又取我们的，反正"醉翁之意不在酒"。

从那次以后，儿子就爱上了自助餐，时不时约我一起去吃，只要有家庭聚会，他总是只提自助餐。我和他爸都心照不宣。

显然自助的方式和孩子身体里的"源代码"高度吻合，那种自主、自助的氛围和方式正是孩子想要的：他们想要有权利决定自己吃什么、吃多少；他们为享受每份自助得来的美味而自豪与满足。当然环境里那些任由他自己摆弄的"玩意儿"也是他喜欢的，这让他感觉自己像足了一个"工作者"。

我们都知道，吃自助餐的人并不需要自己去摘菜、洗菜、做菜，在我们吃到美食之前，有专门的服务人员预备好了材料、营造好了就餐环境。孩子感受到的只是自助就餐过程的自由和成就感。这不一定是最吸引成人的一种餐饮模式，但属于成长中的孩子喜爱的模式。

再来看看这和孩子的成长模式有什么关系。孩子什么都想自己做，什么都想尝试，成功的教育就是要让他们实现这些平凡而伟大的梦想。但你不可能说："好吧，既然说孩子是自己帮助自己长大的，那么我就袖手旁观好了，什么也不做。"那么，孩子怎么来"工作"？比如，他想学习使用剪刀，这需要成人为他准备一把适合他使用的剪刀和纸张；他想学习切菜，这需要成人给他提供合适的菜刀、菜板和菜；他想练习独自睡觉，这需要有他方便上下的小床和适合睡觉的相应物品、环境等。成人的工作是事先默默为孩子营造可生存、可操作的环境，提供可使用的材料，然后再让他们自己做。

这与自助餐厅的原理是不是不谋而合呢？孩子在享受着自助带给他们的快乐和满足，而父母难道不就像极了那背后默默提供食材和环境的"服务人员"吗？

孩子有时需要我们在他的身前，那是因为他需要看到榜样；有时需要我们在他的身后，那是因为他想通过自己的努力实现目标！

不管蒙氏教育体系多么庞大而高深、多么富有哲理而周全，成人所做的这一切都是为了让这一切像没发生过一样，但又确确实实激发出了孩子的潜能，植根于他们的灵魂。

"洗土豆"的故事

我经常给父母们讲一个小故事，讲完不用我解释，大家都能恍然大悟、茅塞顿开。

小男孩突然愿意每次都帮助妈妈洗土豆，妈妈很是开心得意，见人就忍不住夸自己的儿子勤快懂事。男孩也很开心得意，见到小朋友就说："你知道吗？最近我发现我可以用土豆很快就把水弄脏！"

你不懂孩子的世界，一切都只是猜测，如果你总是想处于主导地位，我们和孩子就会永远注定在两条不可能交叉的平行线上。这个小故事带给我不少启发，在同一个问题上我实验了好多次，真是屡试不爽。只要我说"帮妈妈洗洗菜"，一般不会有什么回应（已经过了两三岁时"无畏工作狂＋探险家"的阶段）；而当我改成"你快来看看，把土豆放在水里会发生什么"的时候，一个精神抖擞的小人儿立马就会出现在我面前。

我夸自己触类旁通，孩子爸爸还说是我想多了。结果，事实胜于雄辩，我们就是不能用成人的实用主义去衡量和思考孩子的趣味主义。让孩子洗澡，你要说"走咯，玩水去咯"，不能说"要勤洗澡，保持身体清洁卫生"；洗衣服要说"你想不想玩泡沫呀"（可以让孩子研究一下泡沫，再引导他把衣服洗干净），不能说"自己的衣服自己去洗"。不用我再举例了吧，相信能干的蒙爸蒙妈们早已开窍了。

认识教育

2015 年 5 月 2 日

儿子和我聊起上学的事。

恩恩：妈妈，我 3 岁就可以上幼儿园了吗？

妈妈：是呀。

恩恩：那上完幼儿园呢？

妈妈：上小学呀。

恩恩：上完小学呢？

妈妈：上中学呀。

恩恩：上完中学呢？

妈妈：上大学。

恩恩：上完大学呢？

妈妈：上完大学就可以工作了。

恩恩：工作以后呢？

我有点不想再继续和他说下去了，我以为他会一直这么无聊地问下去。他看我不说话了，抬着一双疑惑的大眼睛问我："妈妈，到底什么时候才能过我自己的日子呢？"

你知道的，我就像被电击中一样，从刚才的敷衍中苏醒过来，甚至不敢相信自己的耳朵，又让他重复说了一遍。

不要按照当今世界的要求来培养孩子，这个世界等他们长大后就变了！

——玛利亚·蒙台梭利

帮助孩子成为他自己

其实"想成为自己"这个意念，很早就已经在婴儿身上显现了，只是大部分人并没有在意。

孩子刚出生，他们就有自己寻找乳头的本能，他们并不喜欢妈妈直接把乳头塞进他们的嘴里。

他们会走路后，他想通过自己的努力拿到自己想要的东西，而不是你什么都直接递给他，有的孩子会被当场气得扔掉那个东西，哭泣不止。

孩子会动手后，他想通过自己的小手把东西喂进自己的嘴里，想自己打开瓶盖又合上，想自己打开水龙头又关上，想自己上下楼梯，想自己穿衣服穿鞋等。

无论你说什么，他（两岁左右）都说"不"，他想独立、他想反对来自外界的安排，想有自己的思想和自主权。

对于他想说的话、想做的事，他并不会因为你帮他说出来了、做好了而感激，反而他会十分气愤，他想自己说出来、自己去完成。

……

他们从出生那天起就努力在为做自己而奋斗不止！

若是真的爱你的孩子，就帮助他成为他自己吧！

下面是许多蒙氏老师熟悉的两个案例：

一个两岁多的男孩，想靠自己的力量看到一群围着坐的大孩子正在看的东西，他一会儿踮脚尖、一会儿找凳子。而当他被一旁"热心"的成人一把抱到圆圈内围去探个究竟时，虽然看到了他翘首以盼的东西，但是脸上却没有了最初的期待和热忱，有点黯然神伤。他原本只想自己来做这一切。

公园里乐此不疲捡石子儿的孩子，当看到自己的小桶被陪同的保姆三两下就帮着捡满了，气得直跺脚。他不仅掀翻小桶把全部石头倒出来，还大哭了起来。又一个孩子的"让我来"被"热心"成人伤害了。

蒙台梭利指出，教育的首要任务就是激发生命的潜能，然后让他自由发展！

如果孩子生命的潜能不被激发出来，如果他们不能自由发展，孩子永远也没有机会成为他自己。也许他只是早已被"已知"的自己（因为潜能未被激发），也许他只是某个人的副本，因为他未得自由。

说实话，没有一个人生来就知道自己是做什么事的料，想成为什么样的人。他自己的世界观、人生观、价值观都是在成长过程中逐渐形成的。孩子是利用这个世界和周围人给他的印象和感受来定位自己的。越至亲的人和越年幼时发生过的事对他的影响越大。许多心理学家都认为，人成年后选择成为的人与他的童年经历是密不可分的。蒙台梭利也曾指出，成年人的心理问题往往可以追溯到他的童年。

"父母这个重要而特殊的角色很微妙，时而是孩子的引路人，时而又是孩子的障碍设置者；时而是孩子的帮助者，时而又是拖孩子后腿的人；时而是孩子的建设者，时而又是孩子的破坏者。"这段话是我的一位蒙氏父母研修班学员说的。我问他："说得很对，那你想表达什么呢？"他回答道："我想说，我还是不知道该怎么做？"我说："你想太多了，做父母最简单的方式就是先做好自己！你的精神状态会帮助你告诉孩子他该怎么做。"

孩子不一定会选择重演我们的故事，但是你真实的鼓励和经验会令他们折服。对此，他们会带着谦卑的心默默吸收，慢慢转化为他内在特性。说话、做事、所做的选择和决定都会逐渐形成自己的风格。

在每个孩子的内心都有一个美丽的远方，那就是他们想成为的样子：不依附、不受制于任何人，做独立的人、有价值的人。

你为什么要让自己的孩子与别人的孩子一样呢

世界上从来没有两个完全相同的人，每个人都是独一无二的。造物主从来不玩"标准化生产"这种游戏，因为它不能彰显创造的神奇。可是渐渐惰化的人对此乐此不疲，因为标准化生产省心、省力又高产。

事实的残酷不光如此，有些家长也在推波助澜，他们认为：别的孩子会乐器，他的孩子也必须要会；别的孩子玩乐高，他的孩子也不能不会玩；别的孩子考 100 分，他的孩子也不能坐等闲；总之，别的孩子会的，自己的孩子最好也都会。不知道家长有没有意识到自己在做什么！你在想方设法让自己的孩子与别人的孩子比较，把自己的孩子推向"标准化生产"。你不是唯恐你的孩子不成器，而是唯恐他和别人不一样。

我曾接到过一个家长的电话，她在电话那头泣不成声，我等她稍微冷静后，才得知是她的儿子出走了。那天是儿子大学毕业的日子，他回家把毕业证交给了妈妈，然后背起行囊去西部追寻他的"背包人生"。他的最后一句话是：你要我做的我做到了，现在该做我自己想做的了。

我还在一个珠算培训班门口亲耳听到一个孩子对他妈妈大吼："妈，你就饶了我吧!"

每个人都想做自己想做的事情,可是这个世界上有多少人最终成为自己。如果多数人都机械化,那么唯一的"贡献"就是:不用为每个人的理想而付出更多人性化的代价。这个世界运转的速度越来越快,效率越来越高。孩子想成为自己,困难重重!

我们不得不承认,父母的内心,除了爱还有恐惧。恐惧来自安全感的缺失或不足。父母怕孩子不能融入多数人,将来会有生存危险,不融入的话风险太大。虽然这样做自己的孩子可能成不了佼佼者,但起码可以相对安全。父母怕别人家都在做的事情,自己不让孩子去做,将来自己会遗憾、孩子会抱怨。父母怕孩子输在起跑线上……

惧怕让父母想把控孩子的点点滴滴,让父母既想让孩子与众不同但又畏畏缩缩。如果说惧怕让父母偏离了教育的正轨,那么父母的"希望"则是让孩子偏离了自己的正轨。比如:

你希望孩子成为一个艺术家!你就会自觉不自觉地留意一切有关孩子艺术培养的学校、课程、活动,并有意让孩子去接触和参与其中,至于其他方面的培养自然就会淡化。

你希望孩子成为一个快乐的人!你对孩子的教育就会以孩子是否快乐为评判标准。孩子成长过程中的大小抉择,比如读什么学校、选修什么特长、做什么事,你都会自然而然以快乐为价值参考,忽略其他要素。

你希望孩子成为一个明星、科学家、政治家……

同理,一般的建筑是改势而建、千篇一律;巧妙的建筑是就势而建,不仅把对自然界的破坏降低到最小达到天物合一,而且还体现了设计师的独到才华。价值连城的美玉和天然艺术品都是整料依势雕琢,但凡拼凑和人工合成的，无论在美感上还是收藏价值上都会大打折扣。

我们大多数父母太过心急，在没有进行充分观察的情况下，就过早或过多地开采孩子这块宝玉，以至于毁坏了孩子原本的模样，一生过得平淡而空虚。

教育真正的起点在哪里

俄罗斯著名生理和心理学家伊万·彼得罗维奇·巴甫洛夫（1849年9月26日—1936年2月27日）说："婴儿从降生的第三天开始教育，就已经迟了两天。"可是随着医学和教育学研究的进步，人们发现了"出生都还不是教育的起点"这个真相。每个婴儿降生前，他们的教育环境就已经有差异了。抛开基因遗传的因素，妈妈怀孕期间的经历、情绪、胎教等的不同，都会促使婴儿的发育质量有所不同。

所以从时间上来说，父母从备孕开始就应该自我学习了。

从受教育的主体来说，学习应该从父母开始，而非孩子。

父母抱着"自己不会不要紧，只要让孩子上个名校，请个名师教好孩子就可以"的心态，是推卸责任的表现。如果你对最适合孩子的教育模式一无所知，对最能激发孩子潜能的老师类型一无所知，那么你从给孩子做选择的那一步起就已经输了。所以，智慧的父母不是关注自己会什么、学历如何高，而是知道孩子要什么、该给他什么。

另外，有这种心态的父母多数是把孩子的成长等同于学习知识。如果一个人的成长只是学习知识，那么这和你造一个机器人没什么两样儿。机器人就是只要你编好程序后录入信息，他就可以对你所录入的内容对答如流。但你真的要把孩子培养成机器人吗？人之所以是人，就是因为人有灵魂、有理想、有使命、有情感、有道德、有秩序、有创造。准确地说，学习只能帮助人类获得更优质的生存技能，但它不是一个人的全部。人之所以能成为一个完整而成熟的人，是因为他在家庭中、社会中学会了很多生存的功课。他要在赋予他生命的那两个重要人物身上获得人性情感的传递，学习将来如何自己生存、如何组建家庭以及如何做下一代的父母等。一个孩子成长的养分来自方方面面，不是只有知识学习。

你知道孩子如何长大，你才有能力帮助他长大！

一个懂得为孩子灵魂服务的人，他的孩子将会表现出强大的意志力。这一点很重要，一切外在的、物质的东西都会腐朽、被改变，只有精神的强者才能不受外界的干扰，有能力接受来自不同的挑战。就好比一个家财万贯的人，他从来不知道孩子真正喜欢做的事情是什么，也不曾问过孩子的感受，从孩子出生就为他规划好了一切。孩子的喜好、感受长期处于被忽略的状态，渐渐地，孩子也长成了一个意志薄弱、性格怪异、没有梦想和斗志的人。当有一天他们的家庭破产或者父母不在人世的时候，这孩子就会变成一个彻头彻尾的"穷人"。是他的父母一手害了他，因为人最大的生产力来自精神的力量并不是肉体。

我们起初开班的时候，有一个妈妈就是抱着这种投机心态来报名的。

她从朋友那里听说我们办的蒙氏教育机构如何比传统的好，就自己找来给孩子报名。但是那个时候我们刚扩建了机构，有一定的招生压力，所以在家长面试这一关上抓得不是特别严。当课上了一段时间后，我们的老师都发现了这个孩子比别的孩子更难投入工作，情绪时常不稳定，在教室里动静特别大，偶尔还会去老师文件柜上瞅几眼手机但又不敢拿，看得出他很想得到它。

后来我们了解了一下情况，得知他妈妈是做建材生意的一个女企业主，平常很忙，孩子基本是保姆用手机带大的。她自己偶尔有点时间，也没有耐心带孩子，孩子哪里做得不合适就严厉斥责孩子。同时我们也观察到她送孩子时，在教室走廊里的状态：要么一直打电话，要么就是一直盯着手机；嗓门很大，说话也急，偶尔还会在电话里骂粗话。每次孩子下课时，从穿鞋到最后离开学校她都是一直在指挥着孩子做事。这时我们才找到了问题的所在。

我们希望她能参加蒙氏父母的学习，并告诉她孩子的改变需要成人和家庭的配合。她的回答特别干脆："我学那些有什么用，不是有你们吗？你们帮我教好他就可以了。我跑这么远来你们这里，就是听说你们很专业。"

再往后，孩子虽然会做一些工作了，但是情绪依然很不稳定。只要哪天他不做工作、不断打扰别的小朋友，我们就知道一定是在家又被他妈妈训斥了。

对于年幼的孩子来说，老师虽然有启发和引导的作用，但依然不能替代父母。对于这个阶段的孩子，父母是影响他们的第一人，因为安全基础和情感基础都存在于家庭，家庭中谁对他最重要，谁对他的影响就最大。

还有一个刚满 3 岁的女孩在教室里特别爱管"闲事"，自己又不专心工作。别的孩子只要做错什么事情，她的反应比老师还快，冲过去就说："你看看你干了什么事？"如果哪个孩子不小心碰了她的东西或者没有赔礼道歉，她一定会叫板道："没礼貌！"一堂课下来，你会听到好几次"没礼貌"从她的嘴里冒出来。后来我们熟悉了她的妈妈，才发现这完全是她妈妈的翻版。她的妈妈动不动就呵斥她"没礼貌"。

父母在孩子的前六年应该做什么

一、给孩子一个"健康"的你

说实话，这一点在我最早期的教案里写的是"给孩子一个和谐的家"。

现在的改动并不是说"和谐的家"不再重要了，而是非常重要，它依然是家庭教育永恒倡导的主旋律。只是当下单亲家庭、重组家庭、名存实亡的家庭比例一直在上升。这部分人需要更多的帮助和鼓励，而我每次都只强调幸福家庭，给了他们不小的心理压力，也制造了更多的焦虑。他们会把一切的失败和对孩子教育的不得当全部推到家庭因素上，而自己却一蹶不振，很难再站起来。于是我开始关注这部分人群，开始把家庭教育的任务分解到每个人身上。

不凡的成长经历，也许也会有不凡的人生。贫穷、父母离异、丧亲等这些"灾难"伤害了无数灵魂，但也成就了大批的伟人。这是值得深思的现象。这两者之间的差异大多在于灾难之后或者灾难发生过程中是否有一个坚强不屈的人。换句话说，每个伟人的背后都有一个真正支撑他精神走向强大的人。母亲、父亲、祖父母等，总有其人。

抚养者精神上的强大和健康（坚强、乐观、正直、善良）有益于哺育不平凡的生命。

美国前总统奥巴马的成长经历激励了很多家庭。因为他有一个了不起的母亲。她为无数单亲妈妈树立了最好的榜样：永远不在孩子面前抱怨其父亲，让孩子客观看待人和人之间的关系，明白父母结束的只是夫妻关系，但父亲并未与自己结束父子关系。永远让孩子相信父亲是爱自己的。不放弃对孩子的教育，不放弃让孩子热爱自己的国家和善待他人。没有经济条件在异国他乡上美式学校，就自己坚持每天早晨四点半起来在家教孩子。奥巴马在他的自传和多次演讲中提起这一段经历的时候，内心是充满感激和自豪的。他曾说母亲是一生中对自己影响最大的人，"她是我所知道的最仁慈、拥有最高尚灵魂的人，我身上最好的东西都要归功于她"。而在描述母亲的印象时，奥巴马认为她是"一个集工作、求学和养育儿女于一身的母亲"。

任何人婚姻、工作的失败都比不过信念和追求的丧失，任何人身体的健康同样比不过心灵的健康更能滋养下一代人的生命。当你考虑把你最宝贵的东西给孩子时，一个"健康"的你也许是最不该舍弃的。

二、给孩子提供"精神营养"

学龄前的儿童有两大精神营养需求："爱"和"玩"！

爱

婴儿要完好地生存下来，必备的营养除了食物外，另一个重要营养来源就是爱！

美国有专门针对婴儿死亡原因的数据调查，其中有一部分婴儿死亡的原因就是没有得到及时的关爱。20世纪初，蒙台梭利博士就已经发表过关于新生婴儿精神胚胎的重要论述，其中她说道，母亲对新生儿的亲吻、拥抱、爱抚是满足孩子早期精神胚胎发育的重要途径。没有得到这种关爱的婴儿，他们的精神发育不仅会受到影响，而且还会有生命危险。

婴儿的精神生命被什么唤醒，这很重要！被爱唤醒就意味着他被接纳、被欢迎来到这个陌生的世界，意味着他可以放心在新环境中安居下去。这会为孩子的人格发展奠定有益的基础。

孩子如果要长好，需要的不仅仅是食物，我相信在当今社会，父母一定希望孩子长好，而不只是长大！在之后的成长过程中，爱一直是他们的重要精神营养。有调查显示，孩子是否得到关爱而产生的差异除上述生命危险之别外，还有人格发展、心灵健康、身体健康之别。从小没有得到足够关爱的孩子，长大后早恋的比例远远高于在家庭中得到足够关爱的孩子；没有得到足够关爱的孩子，其犯罪倾向也大大高于得到足够关爱的孩子；身体健康方面也是一样，得到足够关爱的孩子明显身体疾病要少些，他们身体的免疫能力明显强于没有得到足够关爱的孩子。

总的来说，社会生活水平一直在提升，现在的婴儿较少死于缺乏关爱。多数孩子还是能够得到妥善照顾的，唯一和历史参考数据不同的是，儿童心理问题日趋增多。

"玩"（工作）

这里的"玩"不是一般意义上的玩，有特殊的内涵。

在成人的传统观念中，似乎只有认认真真、正正式式给孩子上课或者教知识，才叫学习，除此以外的只能算玩。

其实，对孩子而言，"玩"就是学，学就是"玩"！现在我们要做的，不是阻止孩子，而是帮助孩子更懂得"玩什么"和"怎么玩"。

孩子是用身体来学习的，他出生后的每个动作都是在"学习"。他们似乎早已经知道自己要学什么、做什么，像自带编程一般，直至达到他内心深处那个"导师"的要求。所以，3岁前的孩子基本是不太受外界干扰的。他们走到哪，学到哪。怎么学？他做了就叫"学"！这个时期的孩子尤其是2岁前，可以这么说，他们的每个动作都有重要意义，其目的只有一个，即我要做我自己，你们最好不要阻挡我，只在我需要的时候你们再帮助我。我把他们的这一行为模式统称为：让我来！

我们得承认，6岁前孩子的知识都是在"玩"的过程中获得的，并不是成人硬教出来的。对于6岁以上的孩子，你可以让他安静坐在你面前听你说。可是只要带过幼儿的人都应该领教过，他们是满世界奔跑的精灵。就算身体被你束缚着，但是心可能早就飞走了。你只要稍稍表现出"教"

的意思，孩子就可能会走开，留下你一个人尴尬地待在原地。他们看起来有点不太谦虚，还有点不太上进好学。但这只是表象，事实上，他们是想用自己的方式学习。

哲学家卡尔·波普尔曾指出，作为科学家，如果你看到有数据不符合你的理论，你应该对这样的数据特别感兴趣。所谓探索，就是要寻找各种意外。只有孩子完好地保留了这个探索的火种！他们是天生的科学家、哲学家、探险家……

"玩"与上课最大的区别就在于，"玩"是一种主动的探索，是亲自面对真正的意外。按照老师说的做，那不是玩，而是完成被排除了风险和意外的"任务"，这不可能帮助孩子应对真正的环境。

当我们发现孩子的这些潜质时，我们就不必再企图做"教"孩子这种无用功了，因为它并不能让孩子真正学到知识，还有可能让其过早厌学。所以蒙台梭利的教育也被称作"不教的教育"。

根据孩子成长的自然规律去协助他们长大，就是让这个阶段的孩子听从他们内心的指引（内驱力），充分地"玩"！让他们在成人为他们预备的科学而有意义的环境中，自己教育自己，从而获得生存的众多本领。

浴室里的科学家

我的孩子自从 4 岁会自己独立洗澡开始，浴室就成了他的"实验室"。他在洗澡的时候比平常玩水玩得更疯狂。因为浴室空间不大，亦无特别的危险障碍物，且到处防水，所以他洗澡疯玩时，我们一般都不干涉。他一会儿用喷头把水喷到天花板，一会儿喷到墙面上；一会儿往水里放各种各样的物品，舀水、倒水，物品被压下去又浮起来，一会儿在全是雾气的镜子上画画……

后来上科学文化课的时候，这个顽皮的小孩活脱脱像极了小科学家。

水的自然流向。老师刚摆出地势模型，准备启发孩子关于水的自然流向时，他就举手说，水当然是从高处流向低处的。原来，他在浴室里不知疲倦地把水喷到墙上，已不知观察过多少次水是怎么一点点往下流的，而且经常一看就是好久，目不转睛地一直追踪着水的流向（这个观察对他后来理解万有引力定律有很大的帮助）。我担心他会着凉，所以每次只要一发现他做这件事，就赶快把浴室的温度调高好让他继续。我知道他的小脑袋正在被"编程"，所以从来不会在这个时候不识时务地多加解释和趁机教学，科学的果实要留给孩子自己去摘取。

他和其他孩子一样喜欢玩沙子，每次都会堆沙堡、挖水渠，他也会很欣喜地多次验证自己对水流流向的发现。

还有一段时间他酷爱玩"水管工"游戏，我配合他把塑料水管玩具，从家里洗手池的水龙头上接到他指定的地方。有时是马桶里，有时是另一个卫生间。当水龙头这边开了水，但是那边没有流出水的时候，他就会认真得像一个专业管道工一样一节一节去检查，直到水流出来。每次他看到水从自己接好的管道里流出来，足以让当时不到3岁的他开心好一阵儿，他会一直拍着小手叫个不停，还不准让水停下来（那段时间我家的水费明显增加）。有时候，他和我玩这个游戏的时间会超过一上午。

物体沉浮。另一课是观察物体在水中的沉浮，感知不同密度物体的不同表现。这个实验对于从小把浴室当成"实验室"的孩子来说，更是得心应手。他们早已在无数次的玩耍中找到了大致的规律，也了解了哪些物体在水中会漂起来、哪些会沉下去。

守恒定律。他往浴缸里放各种容器，这个举动除了帮助他观察到水的浮力和物体沉浮这些现象外，还自然而然让他发现了守恒定律（这些专业词汇只是为了方便叙述，孩子并不知道它的真实含义，也暂时无须知道，他现在只需要去做）。他把水从这个容器倒到那个不同形状的容器，反反复复、乐此不疲。

有一天，我和他在我家附近的公园里玩，带去的水喝完后，我就在旁边的小超市买了两瓶一样的水。我嫌矿泉水瓶没有提环，孩子拿着不方便，于是就把其中一瓶水倒进他的小猪水瓶里（有提环）。两瓶水中，矿泉水瓶细而高，小猪水瓶则是粗而矮，水位的差距是很大的。我让他选要哪瓶（当时纯属是我们母子的习惯，因为他喜欢自己选择，大人主动给的他不一定要，而我并没有想更多），结果他冷不丁说了一句："妈妈，你真好笑，你难道不觉得两瓶一样多吗？为什么还问我呀？"一语惊醒梦中人，我突然意识到他平常那些"工作"一点儿都没有白做。

后来，我们边走边聊这个话题。他一直在重复他是如何用浴缸里那些瓶瓶罐罐舀水、倒水的，还显得有点得意地说："其实这没什么大不了的，我早就知道了。"

扣纽扣

红红3岁，刚到我们蒙氏教室的前几个月，对很多工作都表现得很有兴趣，除了衣饰框。但她会时不时瞅几眼其他正在学扣纽扣的孩子。她的妈妈跟老师表示过这方面的担心，因为在家里她最不喜欢大人让她学扣纽扣，情绪上显得很抗拒（后来我们知道是在她更小的时候，奶奶曾强势教过她扣，但是因为怎么也扣不好，反倒给她留下了挫败的阴影）。直到有一天，我无意识把父母抚触示范课上用的仿真娃娃落在了教室，红红一进教室很快就发现了。小女孩眼睛一亮，抱起仿真娃娃就爱不释手。玩着玩着，她居然不自觉地给娃娃扣起纽扣来。虽然动作不是很娴熟，也没有很快成功，但她还是耐心进行多次尝试，最后终于把两个纽扣都扣好了。

这对我触动也很大，当这种方式不能激发孩子的学习兴趣时，成人应该尝试用另一种更童趣的方式去打开他们的心门。

记单词

孩子有一天从学校学了一些新单词，其中有一个单词（taxi）他说不记得了。我不想强迫他记，于是干脆把他带到公路边"玩游戏"去了。我们全家站在路边一个安全的地方，告诉他什么是taxi，游戏规则是每看到一辆taxi并说出该单词便得一分。就这样，我们全家整个晚上都在路边玩taxi游戏，孩子兴奋得不得了。他非常专注，眼睛紧紧盯着公路上出现的每辆 taxi，每看到一辆他就激动地大喊："taxi！taxi！taxi！"

一次搞定！以后只要见到出租车，他就指着说 taxi！

看图纸

说实话，我儿子现在（6岁）看积木3D图纸的能力已经超过我了。尤其是空间方面的，有时我都要向他请教。并不是他有多聪明，而是得益于多年来他自己的兴趣爱好。他从小就特别喜欢搭各种各样的积木，而我们也放开了让他玩。3岁时他便开始搭有图纸的积木，一开始他爸爸做了些简单的看图引导，后来我们就完全放手了。在玩的过程中，他不仅看图纸的能力增强了，还不知不觉完成了分类、数数、对比等细微的工作。后来升级到机械类、机器人类工作的时候，他更是有成就感了。每次看他玩得那样认真，我们就会感慨：谁还有"兴趣"这个老师厉害？！

地图找物

知识一般都是相通的。他掌握了看图纸的技巧，所以当涉及地图学习的时候，他驾轻就熟。

我们一家三口偶尔会玩地图找物的游戏。

首先把家里的简易平面图画出来，每次轮到有人藏东西，就需要他藏好后在地图上标注出物品的具体位置，然后找的人就按照地图提示去找目标物。孩子百玩不厌。

他在最放松、最有兴趣的状态下，不费吹灰之力学会很多东西，这不是两全其美的事，又是什么呢？

"玩"给孩子们带来了无尽的乐趣，还让他们获得了无穷的知识和智慧。

如果一定要给"玩"下一个定义，我希望父母能够把它理解为"顺从孩子内心的、自发的活动"。如果再进一步探究蒙氏教育，那么你将会得到更高层次的解释：蒙台梭利把有目的、有意义的活动，吸收周围环境经验的过程称为"工作"!

太多的知识你是塞不进孩子大脑的,都是他们自己玩会的。我常常反思,也常常劝说父母不要太在孩子面前"装老师",巴不得把自己知道的都教给孩子,他们真的不需要。他们需要的是你允许他们专注去做他们想做的事情。

就像前面这些案例,在成人看来每一个都很简单,也自然而然地认为孩子应该知道。比如,难道水往低处流这种简单的自然现象,孩子不是生来就知道的吗?可是,只有真正陪同孩子一起长大的父母,才能理解我所举的每个例子是那样真切。我们每次都是同时给多个孩子做实验,他们总是知道的少,不知道的多。又如,乌鸦喝水的故事,从小被管束和保护过度的孩子上小学才能理解,因为从小大人都不允许他犯往容器里放东西的"错",而只要被允许往容器里放过东西的小朋友,哪怕只有三四岁也能理解。

所以,这些孩子唯一的区别不是智商问题,而是在家有没有玩过的问题,仅此而已!

我知道家长时常会禁不住制止孩子玩无聊的游戏(成人不懂这些游戏),也不允许他们"发呆""犯错"。家长一看见孩子去玩水,就认为他们不乖;一看见孩子去翻弄家里的瓶瓶罐罐、工具箱等,就认为他们在捣蛋。所以,当看到说不出乒乓球放在水里是会漂起来还是会沉下去的孩子时,你就能想象他在家里"鼓捣"的经历是多么少。当看到刚来到蒙氏教室的孩子不做别的工作,天天只是去浇花、往树叶上喷水时,你也可以想象他在家里劳动和玩水的体验是多么少。

严格来说,以上我所举的一系列例子都还不是真正意义上的"工作"。蒙台梭利本人也很明确地划清了教具、玩具、游戏的界限。但是作为蒙氏教室以外的儿童，在实际生活中，哪怕是蒙氏学校的儿童也终归来自家庭并回归家庭。只要是能帮助孩子让他们自己成长的、有意义的活动，哪怕他手里拿着的不是蒙氏教具而只是一个魔方，我也不会为了一味追求"纯粹的蒙氏教育"，而跟孩子和家长们死磕什么才是真正的蒙氏工作，否则，蒙台梭利家庭教育将寸步难行，也会给父母增加过多的烦恼和焦虑。

蒙氏教室更像一个严谨的实验室，孩子们可以很好地吸收秩序、逻辑、精确等思维，学习也会更系统和完善。而在家庭中，也有不一样的学习。我在下文中会专门用一节来介绍。

"精神面包"我认为是每个家长和老师都应该会制作的"食品"。我们给孩子预备的环境和所有工作，都是为了滋养孩子的大脑和心灵。只有人的大脑和心灵不再饥渴，人的精神才能获得营养。

三、良好生活习惯和学习习惯的培养

这两个重要的习惯，就像蒙台梭利发现的敏感期一样，有时效性，在关键期培养会事半功倍。孩子的前六年就是培养这两个习惯的关键期。父母是很忙，也很累，但是一定要忙到点子上。

四、情商训练

最能训练孩子情商的地方一定不是课堂，而是家庭、生活！抚养人对孩子情绪的正面影响是任何老师都无法教给孩子的。父母首先要学会如何与自己的情绪友好相处，你的孩子才能学会管理自己的情绪。

五、成长型思维模式的养成

学龄前，孩子学到什么知识不重要，而养成什么思维模式很重要。成

长型思维是可以帮助他一生成长的思维模式，而固定型思维是局限他一生发展的思维模式。若父母常常以"不可以、不可能、必须、绝对"等态度去处理孩子的问题，就会对孩子的思维模式产生一定影响，所以建议父母看看"成长型思维"方面的书籍。

六、社会规范和行为规范的培养

当孩子成长到 2.5 岁，是培养他们社会规范和行为规范的最佳时期。社会性敏感期的到来，会帮助他们最高效地吸收这些规范，而当孩子过了这个敏感期，父母和孩子都可能付出十倍甚至更多的努力，才能帮助孩子建立规范。

七、培养学习的兴趣和能力，而不是急于学习知识

就学习而言，兴趣才是孩子未来真正的核心竞争力！

面对不知道如何培养孩子专注力、发掘孩子潜能的父母，我最常说的一句话就是：找到孩子的兴趣！

我再次提醒各位父母，你在前六年真的不用太着急孩子学会了哪些具体知识，比如，会不会写字，会不会算数，会背多少单词等。孩子暂时比别人多得到几条"鱼"不算什么，重要的是他掌握了"捕鱼"的技术！

关于握笔、画画和书写

我把保护孩子的学习兴趣看得比其他任何有目的的学习都重要。恩恩一岁多起就自己拿笔乱涂乱画，我就在家中布置大量的涂鸦区，让他享受用笔的快乐。我从来不纠正，也不手把手教他怎样握笔、怎样画画。从水彩笔到彩铅、颜料画笔，再到蜡笔等，凡是能画的他都可以尝试。

因为我给了他最大限度的自由，所以他超级爱画画，无拘无束。他越喜欢画，手眼就越能得到锻炼，姿势也越容易得到自我纠正。他刚开始画的时候，我的工作只有两个，一个是给他限定画画区域并预备好材料，另一个是负责默默地做示范（我故意在他的视线范围内，用正确的握笔姿势画我的东西，但从不教他怎么握笔、怎么画画）。有成人的示范，孩子自然会吸收学习。只是父母不要太心急，孩子的小手发展有一定的规律和秩序（从整手握笔到手指握笔，再到逐步精确化）。他在十分放松的环境下，自然而然摸索出了握笔姿势，越精确越能尝到甜头。因为只有握好笔，他才能更准确地表达自己。

他不是同龄人里画得最好的，连"好"可能都算不上，但他一定是最享受和喜欢画画的。无论到了哪里，只要有一张纸和一支笔就是他的世界了。他从开始的自由涂鸦发展到有意图的表现，再到自主的观察模仿，最后是有故事情节和内容的绘画。他完全陶醉在用笔尖表达的美好里，很是享受。绘画渐渐成了他除语言之外表达内心思想和创造的一种方式。虽然从我们的角度看，他画得实在不怎么样。

和他差不多大、上过绘画培训班的几个小朋友都比他画得好，作品拿出来有模有样，但是那些小朋友后来都不怎么画画了，偶尔还会为自己画得不够好而生气灰心。因为他们受过专业训练，所以他们有统一的审美标准和画画目的，一旦达不到他们或者别人的要求就特别伤心，慢慢地也就没有兴趣了。

上了小学后，他画画的兴趣丝毫没有减退，还是一如既往会画购物清单、日记、故事、留言条等。绘画和他的生活发生了非常紧密的联系。我们相信，只要他喜欢，兴趣总有一天会带他到他想去的地方。

书写也是一样的。三岁半以后，他的书写敏感期如期而至，他突然对文字感兴趣了，看见字就喜欢问："那是什么字？"然后自己用笔照葫芦画瓢。我为了保护他对文字的兴趣，并没有一开始就纠正他的笔顺和笔画。他学写字学得很自由轻松，对他来说，这跟看见一朵花想把它照着画下来没有什么两样。由于我们的"不作为"，他在没有任何压力的情况下，自己学会了许多他感兴趣的字，但是笔顺完全是错的。我依然不干涉，只是设计了几个笔顺游戏给他做，由于他完全不在这方面的敏感期，玩是玩了但效果不是很好。后来我也不再强求了，只要他依然保持着写字的兴趣就好。

成效在小学一年级就显示出来了。他每天回来都很兴奋地告诉我，他又学会了什么字，还特别热衷于笔顺的精确，几乎每天都要考我字的正确笔顺。他全身都散发着对学习的新奇感和浓厚兴趣。我知道时候到了。至少，他没有像有些从小就被逼着记笔顺、记笔画、用描红本的孩子对书写有不好的印象。虽然他们比他提前知道了更多、写字也更规范，但是当他们步入小学后，你在他们脸上看不到对学习的期待和兴趣，上学就像只是在完成任务。他们提前学的那几十个字，有学习兴趣的孩子很快就能学会，而且到了期末大家的识字量会是一样的。

这就犹如一匹还未发育好的小马就被匆匆赶上了路，它走得很艰难；而等发育好再从容上路的马，它们虽然一开始落后于提前出发的马，但是由于身体做好了充分的准备，冲劲十足、潜力无穷，很快就会赶上先上路的马。当两匹马从同一起点再次出发时，一匹是已经走得有点疲累了的马，另一匹是才刚刚出发不久的马，接下来会发生什么事情呢？

不言而喻！

画画本来是孩子成长过程中很自然的一部分，他们的世界就是从画画开始的。的确，不是所有孩子都有这个天赋，也不是所有人都会成为大画家。但这并不影响他们都会通过绘画展现内心的天然过程，这不为任何目的。是什么原因让孩子渐渐不再画画了呢？为什么有的孩子看见笔，就不去拿了呢？为什么有的孩子只让大人画给他看呢？

原因就出在成人的"较真"上。

○ 他们以为从孩子一开始拿笔，就必须教会他正确的握笔姿势，进行各种纠正和说教把控。结果还没等你把话说完，孩子就已经消失不见了，他们对这种体验留下了不太良好的印象。一两岁的孩子还没有做好准备让你教，他们只想本能地运用自己的身体。所以，很多小孩刚刚萌发用笔的念头，就被自以为是的成人扼杀在摇篮里了。他们可能今后对读书写字都提不起太大的兴趣。

○ 有的家长常犯的一个错误，则是习惯评论孩子的画。"哇啊！宝贝画得好漂亮啊！""画了些什么呀，乱七八糟的！""你要像我一样画才更像"诸如此类。这些多余的点评都会给孩子的自主性带来不必要的干扰。成人总是在无意识地剥夺孩子的自发性成长。

除了画画，其他方面的探索也是一样的，比如数学、语言、科学文化等。最简单的方法就是，收起你过去那些非要教会孩子做什么的陈词滥调，只要把孩子需要的材料和环境提供给他，做正确的示范，其余的都交给孩子去充分探索和尝试，尽量把答案留给孩子自己去发现。

只要孩子感兴趣，随着他身体机能的完善，那些机械类的动作、姿势问题都有机会修正，但丢失了学习兴趣和信心就很难再找回来了。

家长应帮助孩子获得真正的学习能力。所谓学习的能力，涉及专注、有序、独立等这些重要元素。只要有了这些能力，什么时候学习都不晚。很多家长包括一些蒙氏老师都不一定理解：蒙氏教室里丰富、有序、精确的教具，并不是为了让孩子学习知识的，而是为了让孩子获得学习能力而设计的。

不需要你刻意去教孩子们学习所谓的知识，他们有一种天生的超能力，即吸收性心智，他们会把自己通过感官获取的信息吸收转化为自己的一部分。所以，你不用太担心孩子是否明白某个原理、懂得某些知识。如果教育者只是为了让孩子学会操作教具、记住知识点，那么再大的教室也是有限的；而作为一个孩子来说，一旦掌握了学习能力，他的未来就是无限的。

当孩子知道自己该怎么去学习、获得解决问题的能力时，教具才能发挥最大的效果。所谓的知识，是在长期的生活、工作过程中，人们积累或者发现总结的。随着人类的进步，许多知识都在更新，所以孩子学习什么知识不重要，重要的是获得学习能力并且爱上学习。

蒙台梭利精心设计的教学用具，每个都有其明确的教学意义和目的。但她真正的意图，并不是让学龄前的儿童真的明白每个教具本身的设计原理、设计目的（但是老师必须懂），她是想让孩子通过操作教具去发现如何获得自己想要得到的东西，即学习的能力以及解决问题的能力。我举一个例子：

粉红塔垂直搭起来的总高度是 55 厘米，教学目的里并没有让大人教给孩子这个答案，但是如果有一天孩子突然饶有兴致地问："老师，粉红塔有多高呢？"你该如何作答？

你可以选择直接告诉他答案，也可以在你的引导下让他通过自己的方式获得这个结果。显然要让孩子获得自己学习的能力，就应该引导他在教室里自己找到答案。

我就遇到过这个问题，所以对蒙台梭利教室的设计感慨良多。一个 5 岁多的小男孩，为了知道粉红塔有多高，自己动用了教室里他知道的所有教具来帮助自己获得答案。首先他想到了数棒，因为那是他当时那个阶段有显著尺寸概念的教具。但是几番摆弄和对比之后还是失败了，因为数棒中就没有 55 厘米这个长度，所以他怎么对比都不可能一样高。我当时犹豫了一下，要不要趁热打铁"指点"他一下，但是理性告诉我不能这么做，知道结果不是最重要的，他当真感兴趣的话一定还会再尝试的，我应该把答案继续留给小男孩自己。

果不其然，这个孩子一直保持着对高度的探索欲，其类推和联想能力也很强。当他学会加法蛇的时候，有一天我又有幸见证了他的成长奇迹。他心里其实一直都没有忘记探索粉红塔的奥秘，他把加法蛇的工作搬到平放着粉红塔的工作毯上，居然很有创造性地摆出了粉红塔边长相加的公式（1+2+3+4+……），这一次他想要的答案已经以数字化方式呈现在他的面前。我心中暗自窃喜，还好当初没有自以为是，否则就没有机会见证生命顽强而神奇的学习力了。

我需要特别补充的是，其实这两次工作之间仅仅隔了三个多月，但是当他得出答案的时候，并没有来找我一起分享他的喜悦，他整个人显得很沉着自信，看起来俨然一个历经考验的"科学家"。透过他那独处一角认真思考的小小身影，我仿佛看到了一个身披铠甲的勇士在成长道路上披荆斩棘的画面。找到了学习和解决问题的方法，那么就不用再担心世界改变而自己会落伍了，也许你就是改变世界的那个人。

在蒙氏环境里，类似的例子还有很多，孩子都是在"玩"的过程中发现世界的。父母心太急就会想让孩子知道这、知道那，太注重结果。父母听说蒙氏教具好，就买一堆回家让孩子操作，而且还手把手教孩子。他们认为孩子一定要知道教具说明上的知识点，只有按说明操作才算，好像只有这样自己心里才踏实。

我只能说现代人真的很"聪明"，什么都快捷化、效率化。有一次，我的一个学员来问我，网上有一种"蒙氏教具家庭组合版"的东西好不好？我看了她给我的图片后，一种莫名的感觉流入我心里。实在"敬佩"现代人的"发明"。他们竟然把蒙氏日常生活、感官训练、数学练习等各领域的工作浓缩成一本书的样子，让孩子只要打开"那本书"，身体都不用挪动一下，就可以做很多工作。比如扣纽扣、叠布、辨别触觉感、分辨温度等，乍看上去很丰富省事，但作为一个蒙氏老师，对此我真的很揪心。

当真以为蒙台梭利教育，就只是让孩子学会如何操作教具吗？

蒙台梭利博士为何这么"傻"，为何不能像个"省事发明家"一样，用一本书就让孩子学会扣纽扣、系鞋带、数学运算呢？为何需要孩子们在宽大的教室里忙来忙去？为何孩子一次还只能取一样教具，摆放教具需有序而优雅？关键是为何我们还要浪费那么多钱去置办实木教具？

喜欢走捷径是成人的特征，但是对于孩子来说，当我们省去一些细节和过程的时候，同时也省去了孩子"创造自己"的机会，变得和"死读书"的孩子一样知其然不知其所以然。

父母确实很有必要改变自己的认识：会不会倒水、扣纽扣、写字、算数等所有的工作结果都不是最重要的，有良好的过程自然会有良好的结果，这是一件水到渠成的事，重要的是孩子自己做了没有。孩子来回取放教具的秩序，选择、思考的过程，对真实材料的材质、重量、温度等的感知，走动和工作时对身体的控制，社会性活动规则的养成（礼貌、等待），身心和肌肉的整体协调，专注程度的训练等每一个细节更重要。蒙台梭利的教育思想不是"填鸭式教学"，不是让孩子记住一个又一个的知识点，而是让孩子通过自己的能力和尝试了解并获得学习的路径。简单说就是，要教会孩子怎么自主学习，而不是教会孩子"什么是什么"。孩子是在学习过程中"创造自己"的，而不是用头脑死记硬背成为别人期待的模样。

所以，如果孩子只是会做书上的那些工作，不代表他们会收纳，有良好的秩序感，会控制自己的身体能够带物体协调移动和摆放，有社会规则性，会选择等。他们就像直接拿到考题答案的人，而不是自己做出答案。我相信那样的书孩子玩几次也就不玩了。什么都一站式搞定了，孩子还有什么求知欲望呢？

做有准备的成人

很多人是在没有准备的情况下就做了父母，不像每个孩子都是"有备而来"的。这本不是稀奇的事，人生本来就充满了变化。稀奇的是，有些人已经做了父母仍然拒绝"准备"。

更多的父母是被时间和事件推着行走的人，"见子打子"、见招拆招，十分被动。他们就像雨天等着被淋湿、发烧等着打抗生素一般，应对自己和孩子的生活。他们时常羡慕那些包里备伞、不被雨淋湿的人，羡慕那些会保养身体而发烧不打抗生素就可自愈的人。他们认为那些人很幸运。

但是这个世界上真的没有"幸运"的人，只有"有准备"的人。没有准备的人，机会放在他的手里也留不住。父母不应该羡慕"幸运"的人，而是应该做"有准备"的人。

我的一位资深优秀学员在第二届集训课上回答"我为什么来学习"这个问题时所说的话，令我一直记忆犹新。她说："我是为做一个有准备的妈妈而来的，而且不会忘记时刻提醒自己这一点。"显然，她领会到了我上课的目的。

她的确也做到了，虽然不尽完美，但也无须完美。身为两个孩子的妈妈，她热爱生活、热爱学习。她周围的人都认为她已经很优秀了，但是她从未自满过。她不仅坚持上完蒙氏父母的全年课程，还连续两年参加了集训。

机会和运气总是留给有准备的人！

在对"有准备"的重视上，至今我没有发现第二个超过蒙台梭利的教育家。她认为，给孩子一个有准备的环境、做一个有准备的成人，是实现儿童自我教育的必备条件。成人是孩子的重要学习环境，所以我们自己做好准备比真正去教授孩子知识点还重要，何况孩子并不需要我们去教授，如图2-1所示。

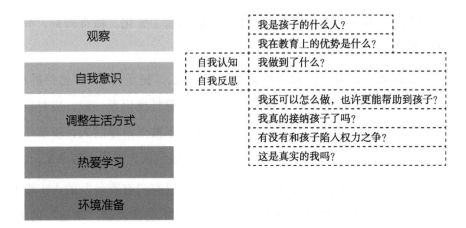

图 2-1　有准备的成人

观察

　　一切对儿童的了解都基于观察。最有准备的父母并非只是会说、会做，而是首先必须学会如何观察孩子！

　　观察不只是用眼睛看、用心记，而是你应该培养自己随时随地写下观察记录的习惯，之后再进行整理。数据的积累会让你发现规律，产生有指导性的依据和方向。

　　父母不善于观察，对孩子的评价一般都太主观。所以，大家习惯说"我觉得""我想是"，很少说"我观察到""我发现"。就算父母观察了孩子，也会懒于行动，不习惯记录。父母总把那些可能是千金难买的宝贵瞬间交给不太可靠的大脑，其结果是很快被琐碎的生活淹没了。

　　我多年来都有一个随身带小便签本和笔的习惯，这个习惯在没有当妈妈前就已养成了。这个习惯帮了我的大忙。当我要找寻孩子的某个成长线索的时候，"顺藤摸瓜"就能找到问题的所在。有效的数据为我分析孩子的行为提供了可靠的参考。

以下是我在长期的工作实践中总结的一份记录表（见表 2-1），可以帮助父母科学观察孩子的行为（我早期观察自己孩子的时候，还没有这么规范的表格，大部分是描述式的记录，查询起来有一定的难度）。

表 2-1 0～6 岁儿童工作观察记录表

姓名：_____ 年龄：_____ 性别：_____ 观察人：_____

	工作名称					
观察项目	持续时间					
	重复次数					
	过程中主动分心次数					
	过程中被打扰次数					
	被打扰后孩子的反应（请打√）	继续工作				
		停止工作				
		暂停后又继续				
	秩序性（请打√）	按示范秩序工作				
		未按示范工作				
		一次取一样				
		放回原处				
	工作完成后孩子的表现（请打√）	喜悦而欢呼				
		沉着冷静				
		厌烦				
	观察时间					
	观察地点					
	备 注					

注：父母在填写该表时一定要客观、真实、准确，每个数据对孩子的发展都很有意义。请将各项数据收集保存起来。外出不方便携带时父母就记在便签纸上，回家后再整理到表格中。

有一段时间，我发现我 5 岁的孩子"盛汤"这个动作出奇般不协调。他盛汤时，慌里慌张不说，还容易洒出汤汁来。说他出奇是因为平常他给人的印象是手脚灵活又协调，比这难很多的工作他都能胜任，"盛汤"这件事我怎么忽略了呢？

于是我去查看观察记录，确确实实发现他几乎没怎么做过这方面的完整训练，除了教室里"舀"的工作是用小碗小汤匙外。不过这不是重点，就算没有专门训练过大汤匙的使用，只要他的手眼协调、手部力量足够，又做过小汤勺舀的工作，按正常来说，5 岁孩子是完全会盛汤的。

当我再进一步翻阅观察记录时，发现了问题的症结。他从一岁半就开始对大人使用的大汤勺感兴趣，每次吃饭时总想去拿，但每次都无果，因为他爸爸很反对孩子这样做。每次他想去拿大汤勺的时候，他爸爸就会从他手中夺走，并且严厉责备他，不准他这么做。为此，孩子还哭了几次，我们夫妻也争执了几次。再后来，到了 2 岁多的时候，孩子有次吃饭时又想自己盛汤，因为洒了一桌子，所以又被爸爸严厉批评，明令禁止他用大汤勺盛汤，只能大人盛给他。之后就没有这方面的记录了。

到了幼儿园大班时，即前面说的 5 岁时，爸爸终于放开了这个限制，此时的爸爸已经被蒙氏教育熏陶得差不多了。结果让我看到的就是孩子盛汤的时候明显很紧张，慌里慌张，时不时还会瞅几眼爸爸。当我们开导了他以后，他终于克服障碍不去看爸爸，但还是不能冷静而平稳地盛汤。他企图通过快速的动作来掩饰自己的紧张和减少误差，但是越快越做不好。

很显然，这已经不属于动作发展的范畴了，我通过平时的观察记录找到了帮助他的方向。

另一则是有关成语的。当他 5 岁半的时候，我观察到只要他听见谁的话里带着成语，他就会特别敏感，过后一定会表现得像小侦探一样："咦！成语！"不确定时，他会马上问我："妈妈，刚才我听阿姨说的 ×××× 是不是成语？"

我把他这方面的发展过程记录得很清楚：他刚会说话时，我们就开始有意识地说成语。我们大人的任务是，在适当的时机很自然地说出成语，仅此而已。不解释、不过问，只是简单应景重复，我一直在挑战孩子对语言的理解力。之后，只要发现他在某个特定的场景下，不自觉地脱口而出某个成语时，我就立马记录下来，证明他已经吸收该成语。直到他 3 岁时，我们才开始正式给他讲各种成语故事。对此他很喜欢，有时还邀请我跟他一起演出来，演着演着就领会了成语的意思。此后，他知道的成语就越来越多。6岁时，他知道的成语以及数量在成长观察记录本上一目了然，他自己也能看到我做的这些记录。

我们对他成长的"用心"给了他很大的满足感和自豪感。

调整生活方式以适宜共生

我们在不断适应孩子不同阶段成长的需要，孩子也在一直很努力地适应我们。一家人共同生活的过程就是家庭磨合的过程。做有准备的成人，其中一条就是为了孩子的成长，家人要及时调整生活方式以适宜共生。

家里没有谁重要谁不重要，客观说每个人都很重要。爱是唯一可以权衡家人共生关系的因素！凡是共生关系不好的家庭，请先审视自己内心出了什么问题，然后再审视家庭事务的排序是否有问题。

合理的排序应该是：①重要且紧急；②重要但不紧急；③不重要也不紧急。

以我家为例。夫妻俩没有孩子前很随性地过了七年。自从有了孩子，两个自由人才被"收服"了。孩子到来的第一年，他教会了我们"早睡早起"（不是一般的早）、"准点吃饭""爱学习爱劳动""眉目传情"（因为不能当着孩子的面吵架）、"环保节能"（弃了电视，卸了游戏）……表面是我们为孩子做出了很多改变，细细一想这些改变没有一项是不好的。"遇见孩子，遇见更好的自己"，名副其实！

再后来，随着孩子的成长，我们一直乐此不疲地调整着共生关系。前三年，我主要负责照顾孩子，赚钱的事基本交给了爸爸。由于孩子的身体状况实在令人伤感（重度湿疹），爸爸的脾气日益上涨，于是我又额外获得了一份无薪的工作，即专门负责"灭火"，维系家庭关系。三年后，妈妈"重出江湖"，爸爸的工作大幅减少，全权承担起接送孩子的大任，同时退居二线转成了我的幕后。用他的话来说，家庭中谁的事业最有意义，就不惜一切代价支持谁。孩子四岁后，我们还因为他上学、我的工作等搬过两次家……

过程中因孩子长大需要分房睡，需要扩增他的学习环境，需要择优分配家庭空间等，每一点变化都是家庭共生关系的一次调整。不过"三人行必有我师"，我和孩子爸爸经常"受教"于孩子的各种创意和点子。我们越是重视他的建议，越是邀请他参与，他的主人翁意识就越强烈，丝毫没有因为环境的变动而有所不适。

可以说，我们有了孩子以后，家庭事务的排序就明显偏向了孩子。我们夫妻也讨论过这个问题，我们把一堆要做的事情排列开来看，好像不管我们从哪个角度考虑，在当时那个阶段都没有比孩子的事更重要且紧急的事。后来事实证明我们的选择是对的，还有什么事比让孩子过好他前三年的家庭生活更重要？如果这个阶段过不好，难免会遗留下一些后续问题。你的焦点在哪里，能量就在哪里。我对孩子全身心的养育，唤醒了我前所未有的潜力，这哪是我们为孩子"舍"，而是因孩子"得"！

有孩子前后，家庭状态最大的区别就是，前者呈静态型，后者呈成长型。有了孩子，就像有了全新的"生命迹象"，有了鲜活的动力源泉、爱的源泉。孩子每时每刻的成长使整个家庭的流都是活动的。在这个过程中，为了适应那个最有活力的生命，我们要根据他每个阶段不同的心理需求、活动需求不断调整自己的生活作息、思维模式、学习模式、脾气性格，甚至交际圈子和话题涉猎等。总的来说，在被改变的那一瞬间，我们不一定都是感觉良好的，但当回首往事时，我们会发现，其实自己为孩子所做的改变也在帮助自己成长。所以，过去可能是静态型的生活也不知不觉走上了成长型的轨道。

应该说，是孩子在"拯救"成人！

第 3 章 蒙氏父母的基本功

一个孩子身体的长成顶多是一二十年的事，但一个灵魂的成熟却是一辈子的事！"爸爸妈妈！请帮助我，让我自己长大！"

"心"是教育的入口，也是教育的出口

2016 年 1 月 14 日

我承认，有时候为了鼓励孩子与我们合作，我时常会不吝惜对他的赞美和抒发自己的感受。

今天中午吃饭的时候，儿子不小心把牙签盒打翻了，牙签洒落一地。他十分内疚地说："妈妈，我知道该怎么做。"说完他就蹲下身去捡地上的牙签。

我看牙签实在太多了，同时也想表示我认可他解决问题的态度，就蹲下身去和他一起捡。

儿子看见我的举动后，居然对我说："妈妈，我好感动啊！"

精神胚胎

为什么六七个月时胎儿就会有各种表情和动作了，他们时而笑时而哭、

时而很紧张时而皱眉头呢？

为什么新出生的婴儿喜欢被妈妈拥抱、亲吻、抚摸，喜欢有人跟他说话、唱歌、互动呢？

为什么婴幼儿都有"玩"的需求，有认知和探索的需求，有被陪伴的需求，有被关爱的需求呢？

……

只有一种解释，那就是他们是有心理生命和精神需求的个体。这是人类区别于其他动物的一个典型特征。

过去人们对婴儿的精神生活是忽略的，月龄越小越容易被忽略。因为在成人看来，小宝宝除了吃就是睡，动不动还哭得很烦人、毫无理由。有的人还无知地认为，对这些"不懂事"的小家伙儿做什么都无所谓，谁会记得3岁以前的事情呢？

可是随着科学的进步，婴儿尤其是新生儿存在心理生命和精神需求的研究已经明朗化。人们不断看到在不同环境中出生、受到不同对待（爱或遗弃）的新生儿，身体和心理的健康程度明显不同，后天的发展也差距巨大。另外，妈妈心理健康的程度和对新生儿照顾的亲密程度也会影响婴儿的适应能力。

蒙台梭利博士正因为超前地看到了人类的这些特质，看到了新生儿所要经历的活动都是极具创造性和构建性的，所以她提出了"精神胚胎"这一概念。它是相对于生理胚胎而言的。

当父母认识到了人有两个胚胎期，且意义重大时，也许就不会随意打发和虚度孩子最初的时光了。被当成"人"和被当成"物"的对待之间存在一种革命性差异。

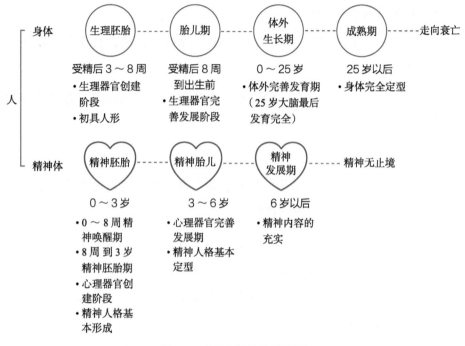

图 3-1　身体与精神体示意图

人的生命是肉体和精神的美妙结合，这一点毋庸置疑！

通过图 3-1，我们可以很清晰地看到精神的不断发展和充实，其生命是无止境的，正如我们现在每个人都在享受着先人们留下的无数精神遗产，生生不息。身体发展则不同，一旦达到成熟即开始走向衰亡。

"精神饥渴"是儿童产生行为和心理偏差的根源。有一次我上课讲到，孩子出生就有精神需求，父母角色定位中有一项就是"为孩子的精神服务"。我的话音刚落，一位妈妈就忍不住举起手示意有疑惑："我还是不太明白孩子精神方面的内容，能不能再说得具体一点？"

我为了让她最快捷地明白这个问题，不得已举了一连串成人的例子来让她参照理解。说完后，我自己都觉得那些不是最恰当的比喻，但是她居然听懂了，我心想那且算是一种帮助平常不太注重孩子精神生活的父母的理解方式吧。对话是这样的：

我们成年人是不是不可能只想着有饭吃有衣服穿就可以了，总是从内心不自觉地想着去见见朋友、说说话；和环境及人有一些互动，不喜欢被孤立；偶尔还会想看看电影，看看书，运动一下；做点什么有意义的事情，需要有信仰；渴望理解与被理解，关怀与被关怀；渴望有价值感、归属感等。

她点头说：是的！

我说：那么为什么会有这些需求呢？

她说：因为我们有精神上的需求。

我说：对！孩子也一样，只不过具体需求与我们不同而已。

那位妈妈一开始那迷茫的表情一直深深印在我的脑海里。我确定自己还有必要再把如何关注孩子的精神需求量化到人人都能上手的程度。我来举一些家庭活动之外的案例。

妈妈的包就是移动的课堂

带孩子出门办事——有经验的父母带孩子出门时，包里总会顺便带上孩子玩的和用的东西（画笔和纸张、橡皮泥、小型积木等）。他们很清楚孩子不是一件物品，不是到了哪里只要好好放着就可以。和他们一起出门的是一个随时有各种精神需求的独立个体，他们会动、会哭、会笑、会闹。要是手里没什么事情可做的话会很无聊，会频频"犯错"，会让谁都不得安定。有所准备就完全不同了。当出门办事时，大人们做自己的事，孩子会在一旁静静地做自己的事。虽然不能保证全程都静音模式，至少一段时间的办事自由是有的。

带孩子与朋友聚餐——到餐厅聚餐也是一样，孩子总是吃完然后就无所事事的人，而大人一般聚餐就会有说不完的话、聊不完的天，不会吃完就散场。一旁无聊的孩子可不会让这场大人的聚会完美顺利，他会想尽一切办法"搅局"，让所有人都匆匆解散。有经验的父母是不会让这种事情发生的，他们会提前有所准备，让孩子也有自己的事情可做，但不是玩手机。

做需要长时间排队等待的事情时（比如看病、候机、候车等）——我自己带孩子出门，包里一定会带他的各种东西，最简易时也必须有笔和纸，后来他长大了，每次出门也习惯了自己准备东西。下面是两次"纸和笔也能带给孩子不一样的满足"的小经历。

一次是关于我儿子的。那时恩恩 5 岁，我们带他去中医院儿科看病。一眼望去医院大厅里"星星点点"，几乎每家都是打开自己的手机给孩子打发时间，以确保他们乖乖地坚持排队。我们也预估失误了，以为看中医的孩子不会很多，就没有特别准备什么可玩的，除了永远不变的纸和笔。

当我跟儿子玩起纸上游戏的时候，不知不觉身边探过来一个小脑袋，他好像被吸引了。当时他放下手机来跟我儿子一起玩，我还感到有一点小意外，可是后来事实证明，他真的被我们有互动性的智力小游戏征服了。以至于后来他们两个小朋友玩自己的，我们两个妈妈聊起了天。那个妈妈很好奇我是怎么带孩子的，在此之前她几乎认为在这种枯燥的场面只有手机能搞得定孩子，于是我就有了跟她分享蒙氏育儿经的机会。至少从那次起，又多了一个"会"带孩子出门的人。

另一次是在火车站候车厅，同样是一支笔和一张纸"征服"了一个两岁的小女孩和她妈妈。那个小女孩手里空无一物，因为实在无聊一直缠着她妈妈去这里去那里，时不时还"莫名"对着妈妈哭一会儿，显得焦躁不安。她的妈妈也想和大部分等车的人一样玩手机，母女俩正在我对面的椅子上"拉锯"的时候，我儿子和他爸爸也赶到了。看时间还早，儿子就拿出他自己的彩笔和纸在座位上画了起来。小女孩看到有玩的东西，一下子停止了和她妈妈的拉扯，像极了突然发现猎物的猎人，安静地径直走向目标，眼睛里还泛着光……

女孩在得到我儿子借给她的红色彩笔和纸以后的半个小时里，再也没有纠缠过她妈妈，一直围绕在小哥哥旁边"乱涂乱画"直到分开。她那年轻的妈妈感觉到稀奇，感慨道："一支笔和几张纸就搞定了，我怎么没想到呢？平常总觉得她还小，就没让她画画。"

我想，这也是女孩给自己妈妈上的最好的一课。

也许不在现场的话，很多人感受不到这些让孩子精神空虚的现象是那样普遍和真实。总觉得孩子"爱玩"是人人皆知的事情，但事实是"知道但没人去为他们准备"。

明明知道孩子只要有玩的就能够安静、专注，但是有多少人会知行合一，去真正为孩子准备环境或者材料呢？我们见到、听到最多的依然还是孩子的哭声和大人的吼叫声，至少在我们身边是这样的。

在这个信息大爆炸的时代，父母和父母之间的差别有时候不是"知道与不知道"，仅仅只是"做与不做"！蒙台梭利指出，儿童常哭、暴躁、易怒，是因为他们正处于精神饥饿状态。生活中这样的孩子难道不是随处可见吗？

有吸收力的心灵

孩子的学习模式别具一格，所以他们才会用短短 6 年时间学会了后 60年都不一定学得会的本领。蒙台梭利把这种特殊的能力称为"吸收性心智"。简单来说就是孩子根本不用刻意学习，他们存在于什么样的环境中就能轻轻松松学会环境里的一切，并且吸收内化到自己的身体里去。所以对于孩子来说，再难的事情都是轻而易举的。而同样的事情，比如语言，到了小学生那里就开始不一样了，他们需要特意去学、去背，才能获得新知识，年龄越大越需要付出更多的努力。

当然，就算前6年，也有一些细微的差别。比如，3岁后的吸收能力就稍微弱于3岁以前，观察孩子的模仿能力就能发现这一点。3岁前的无意识吸收能帮助孩子获得大量的信息和感知，这种强大的能力可能成就一个美好的灵魂，但与此同时也可能让一个人一生都难以摆脱这个阶段所留下的创伤。这其中的差别就在于环境的差异。

可人不是不记得3岁前的事情吗？蒙台梭利博士在《有吸收力的心灵》一书中详细讲到，人不记得3岁前所经历的事情，不代表这些事情不存在，它们都深深住在人的潜意识里。有破案经验的人都知道"凡经过必留痕迹"，这句话在人的成长过程中也是适用的。我们不能自欺欺人地以为孩子自带过滤系统，这是他自己做不到的。

朋友跟我谈起她认识的一个家庭：夫妻俩从孤儿院领养了一个弃婴（女孩），养到3岁的时候，这对夫妻生了自己的第一个孩子，之后又生了二胎。于是三个孩子一起长大。现在收养的那个孩子已经上小学了，问题特别多。她嫉妒心强、爱抱怨、抵触学习、脾气大、仇视心重等，这成了他们家最大的困扰。作为一个预备教师，我这个朋友很想帮助这个孩子，但是几次试下来都感觉力不从心。过去的经历对那个孩子产生了不良的潜意识影响，可令人惋惜的是时间已经回不去了。

父母的自我反省

我经常激励自己和其他父母，吸收性心智只是表明孩子的吸收能力很强，但不是无限制吸收。就是海绵也有吸满水的时候，所以，我们何不让对孩子身心和成长有益的东西先入为主呢？无意识吸收即好坏兼收，教养者对环境的把控权虽然不是绝对的，但也不是没有机会，而且机会还不小。

家喻户晓的"孟母三迁"是一个选择环境的成功案例，我时常开玩笑说孟母是"中国古代的蒙台梭利"，懂得环境对于一个人的影响。"自我反思"是父母每日的功课，而当我们了解了孩子的"吸收性心智"，就有了更清晰的反思方向。我们的一举一动、思维模式、心理状态、表达方式、处理问题的方式等都会成为孩子吸收的对象。

分阶段照顾原则

1. 0～1岁（建立安全感和信任感的重要基础阶段）

照顾原则：尽量满足，及时回应。

注意：共生期（0～2个月）疼爱再疼爱。

2. 1～3岁

照顾原则：延迟满足，及时回应。

注意：肯定再肯定。

3. 3～6岁

照顾原则：选择性满足，及时回应（分清需要和想要）。

注意：观察再观察。

以下各题，是参加蒙氏父母课的学员都要填写的"自我反省问卷"，阅读本书的你也可以给自己测一测。符合的打√，不符合的则打×。

1. 我是一个易怒的人，发完脾气又后悔。（　　）

2. 我不容易接受自己犯错误，也很难接受孩子犯错误。（　　）

3. 我会讲脏话。（　　）

4. 我不常看书。（　　）

5. 我不常开家庭会议，家人的心灵沟通很少。（　　）

6. 我会在孩子面前控制不住情绪，和身边的人发生争执，比如家人。（　　）

7. 我会在孩子面前和别人议论自己的孩子。（　　）

8. 我喜欢用买礼物的方式跟孩子道歉或沟通感情。（　　）

9. 我经常对别人不满意，包括孩子。（　　）

10. 我经常不能遵守和孩子的约定。（　　）

11. 我有时会对孩子说："如果不……，就会……"（　　）

12. 我有时会对孩子说："你再不走，我就走了！"（　　）

13. 我有时会对孩子说："你再这么淘气，我就不爱你了！"（　　）

14. 我有时会对孩子说："别的小朋友都……了，你……还不……"（　　）

15. 孩子惹我生气的时候，我会忍不住打孩子。（　　）

16. 孩子打我的时候，我也会忍不住打回去。（　　）

17. 我习惯为孩子安排活动，不习惯事先和他商量。（　　）

18. 我经常抱怨辛苦，包括养孩子、工作、生活等。（　　）

19. 我经常不等孩子说完就发表意见。（　　）

20. 我经常不知道孩子为什么哭。（　　）

21. 我受不了孩子不按我的方式做事。（　　）

22. 我经常对孩子大声说话。（　　）

23. 孩子做事的时候，我经常忍不住要教他怎么做。（　　）

24. 孩子在玩玩具或做事的时候，我会递水给他喝，喂他吃的，和他

说话，或指挥他玩点别的。（ ）

25. 我不经常跟孩子说："我爱你。"（ ）

26. 我不经常跟孩子说："对不起。"（ ）

27. 我经常说"都是谁谁的错"或"都怪谁谁谁"。（ ）

28. 我习惯用指令式的语气跟孩子说话。（ ）

29. 我没有事先评估环境的习惯，不避讳带孩子去麻将室、KTV等地方。
（ ）

注："√"越多，说明父母需要反省和改变的地方越多。

越好的教育越自然

2016年5月1日

今天一早醒来，我们家就发生了一件"大事"——儿子心爱的小鱼死了。这可不是一般的鱼，是从儿子出生就天天陪伴他一起长大的鱼，是被他宠、被他"虐"过的鱼，是给他吐过泡泡逗他乐的鱼。4岁不到的儿子完全没有任何心理准备，他几乎不愿意相信这个事实。

当爸爸准备把鱼捞起来的时候，他坚决不让，假装镇定地跟我们说："小黄只是暂时睡着了，他没有死，不要动它！"

> 我们实在不忍心让儿子失望，于是就答应他说："那就再观察观察，等一等，如果到下午鱼都还没有'醒过来'，那就说明它真的死了。"儿子撇撇嘴，勉强答应了。
>
> 这一天，对儿子来说的确太不一样了。虽然也像平常一样玩一会儿、乐一会儿，但是他每隔一段时间就要跑去鱼缸那里看看。他在等待着"奇迹"的出现。
>
> ……
>
> 我们把鱼埋在了门口的山楂树下，儿子哭成了个小泪人。这跟之前刚养一周就死掉的小乌龟时的感受和表现完全不一样。他那哭泣得颤抖的小身体紧紧依偎在我的右侧，我也居然受感染而流下了眼泪。这是为孩子的浓情流下的泪！

我们家之后一直没再养过鱼，这是儿子的坚持。作为最了解他的父母，我们完全能意会一个孩子稚嫩却真切的情感。他现在上小学了，依然还会时不时说起对那条小鱼的怀念。更重要的是，从那以后，他对小动物们格外有同情心，不仅自己不去伤害它们，还会劝说别的小朋友要爱护它们。

这是自然生命赋予他的宝贵品质，而非书本可以企及的！

妈妈干过的蠢事

恩恩1岁5个月的时候，还不能把两块积木垂直搭起来，我给他示范了几次，他都不太乐意跟着我做，只乐于推倒我搭的积木。连续一个月都是这样，我后来有点急了。有一次我陪他玩了好久，他还是一如既往只推不搭，我直接站起来没脑子地说了一句："把一块积木放在另一块积木的上面，就有那么难吗？"说完就做我的事情去了。

过了不到两个小时，当孩子睡下午觉时，我看着他可爱的小脸蛋，就开始自责之前自己说的话了。我问自己："真的有那么急吗？搭个积木我就急成那样，以后上学怎么办？"

后来我彻底放松了自己的神经，该干什么干什么。当儿子1岁半左右，有一天我刚要走进孩子工作室的时候，远远就看到了儿子正安静专注地搭着他人生的第一组积木。当时我大概距离他有两米，我及时停住了脚步，还稍稍往后退了几步，静静欣赏着眼前所发生的一切，生怕惊动了他……

小鱼和积木表面看起来是两个完全不相干的案例，而我把它们都放在了"越好的教育越自然"这个话题下面，这其中的联系在哪里呢？

蒙台梭利的自然教育有两层含义：一是孩子的教育必须遵循生命成长的自然法则；二是大自然教育！

遵循生命成长的自然法则

无疑，真正好的教育应该遵循生命成长的自然法则。每个生命个体都有自己的规律和天赋，给所有孩子统一的标准和成长方案就犹如给所有的病人开同一个处方那样可怕。治疗不当是毒害身体，教育不当则是谋杀灵魂！

小小的积木游戏，孩子能够迈出"垂直叠加"这一步的时间各不相同。这就像别的孩子已经会说两三个字了，而你的孩子可能要半年以后才能说出来一样。这些都不能说明什么，因为极有可能最后成为演说家的是说话晚的那个，而成为高级建筑师的也可能不是最早会搭积木的那个。这样的例子在生活中屡见不鲜，反倒是成人的急迫和羞辱有可能成为阻碍孩子正常发展的"元凶"。

当初蒙台梭利吸引我的因素中，有一个就是"遵循自然规律"。能够在最自然的状态下成长是一件对成人和孩子都有益的事情。父母不用再煞费苦心为孩子的千般技能和成为神童而东奔西走，我们需要自然接受孩子的成长，就像当初自然接受他们的到来一样。

蒙台梭利认为，父母要尽量把所有的事情留给"自然"。婴儿越是能得到自由的发展，他们的身体就会越协调，身体机能也会发展得越健全。不干预儿童的自然发展是我们帮助儿童成长的明智表现。

解放新生儿的身体：让他们自由地活动，发展自己的身体机能，不要再像过去一样用褓裸紧紧捆住他们的身体。大可放心，这样并不会把孩子养成罗圈腿，腿会自然长直。新手父母可以用婴儿包被代替裹布，既方便父母抱起新生儿，又不会束缚婴儿自身活动，这让他们有安全感。

解放婴儿的双手：摒弃婴儿手套对他们双手的束缚。使用双手是每个婴儿探索世界的途径之一，触觉刺激和自由的活动体验会源源不断地给他们的小脑袋传递各种丰富的信息，建立神经元的连接。如果父母们担心婴儿的小手会抓破自己的皮肤，注意勤剪指甲就可以了。几次以后，这种情况就不再会出现了，除非你不相信孩子每天都在成长。

让婴幼儿自然地翻身、爬行、走路：让婴幼儿过早、人为地翻身、爬行、走路，对孩子的身心是有损害的。客观事实是，当孩子的身体和心理做好准备后，这一切都是自然发生的事情。大人没有必要刻意帮助婴儿提前翻身或者爬行，除非是超过了月龄，孩子表现出动作发展迟缓的症状，这才需要采取特别的措施。至于走路，就更没有必要让他们提前练习了。

他从爬行自然而然地过渡到扶着沙发或者其他物体自主站立，然后从站立到扶着物体或推着专门的学步车自己协调身体去练习行走，这些都应该尽可能自然。能放手时他们自然会放手，说明身体已经准备好了，而如果不能放手没有一个婴儿会放手，自我保护的本能高于一切。

其他一些小动作，比如捏婴儿的鼻子，幻想这样会让它长得高挺笔直，给新生儿戴帽子企图预防"招风耳"等，都是多此一举的事情，大自然会考虑这些问题。只要给孩子足够的发展自由，他们都能够独立进行自我完善。成人为孩子做得越多、越细，越会严重剥夺他们的自主性。

我的身边总是会时不时传来"神童"故事。他们是规律之外的牺牲品。

小涛两岁时就认识一两百个汉字，三岁时就能读简单的报纸，妈妈逢人就讲，听到的都是各种夸赞声。后来妈妈的虚荣心日益膨胀，不管做什么事都不自觉地想让自己的孩子优于同龄人。她的目标是光会认字不行，得会写字。于是她就用各种方法让孩子学写字。这可把"神童"难倒了，他非常抵触写字，只要看到妈妈一动笔就直往爸爸身后躲。到了小学，小涛的优势渐渐不见了，认识他的人都说小涛变得不爱笑了，总是心事重重的样子。

琴琴从幼儿园开始就被老师和家长称作"舞蹈神童"，大奖小奖挂满了家里的墙壁。她十岁那年生日，我问她："你这么会跳舞，将来有做舞蹈家的打算吗？"她想都没有想就告诉我说："我才不爱跳舞呢，那都是他们大人让我跳的。我想做一个魔术师。"我说："那你学过吗？"她失望道："我妈不让我学。"

我认为我有必要说清楚，虽然提到不少拔苗助长的案例，也多次讲到父母不强迫孩子、不攀比，但是遵循自然规律的意思并不是单纯"慢"！一味强调做事快或慢都是不科学的，而是我们要懂得该做什么不耽延、不该做什么就不做，尊重孩子的自然节奏和规律，让其自由发展。比如，孩子一个接一个的敏感期，如果我们不及时做出相应的配合与协助，那么促进孩子成长的机会就会转眼即逝。

成长四阶段的内容有助于我们更加懂得规律，从而让生命获得自主权。改造自然，必先遵守自然！

大自然教育

大自然教育，指的是在大自然中从事的教学活动。

蒙台梭利是这样阐述"回归自然"这一课的："儿童的生命必然需要大自然的力量，但是他的精神生命也必然需要与天地万物的交融，孩子们亲近大自然，可以直接从大自然中吸取养分。可是，我们很多的母亲和教师，却忽略了这一点，不懂得甚至没想到该如何帮助孩子与自然相融。"[一]

"自然缺失症"是当今社会人类发展的一种潜在危险！简单解释这种症状就是：由于缺乏与大自然的交融而产生的一系列人在行为和心理上的问题。

人类发展到今天，生存环境和生活方式与过去相比发生了翻天覆地的变化。无论是儿童还是成人，都面临着自然缺失的现象。虽然现代城市的功能配备越来越齐全，表面看起来要什么有什么，教育设施和环境也比过去好了太多，孩子们想学什么就能学什么，但是这仍然挡不住人们身体和内心日益走向封闭。我们与真实的大自然渐行渐远。

[一] 蒙台梭利.蒙台梭利早期教育法 [M]. 蒙台梭利丛书编委会，译. 北京：中国妇女出版社，2017.

这是一个危险的信号。人体是个生物电磁场，我们生活在大自然的电磁场中，一旦大自然的平衡更改或被阻挡，身心就会引发各种的病态、不舒服。我们身边各种现代化的物质都是不导电的物质，这使我们每天都在仿佛"绝缘体"的世界中生活，很少与真正的自然大地接触，释放负电荷，人们很容易变得孤独、焦躁、易怒。

一百多年前就有生物学家做过这方面的试验。他们通过特殊的隔离装置把小豚鼠与地磁隔绝，后来发现这些小豚鼠长大后都患上了佝偻病。

自然界对人类的发育有着显著的影响，也有着神奇的力量。

最好的教育不是让孩子获得很多知识，或者给足孩子爱护、运动、道理就可以了事，这是很狭隘的。越好的教育越自然！

蒙台梭利提倡让孩子回归自然。她认为，让孩子健康成长的最好办法就是让他们沐浴在大自然中。

行动计划

○ 亲近大自然应该成为必不可少的一项家庭活动。

爬树、踩水、玩泥巴、滚草地、捉昆虫应该是童年不可或缺的一部分，大人只要给孩子准备一套换洗的衣服就可以。衣服"脏"了不可怕，孩子不再动手才可怕。

○ 让孩子拥有饲养小动物和栽培植物的经历。

条件允许的话，可以让孩子选择有繁殖能力的动植物来照顾，以便观察生物的繁衍过程，比如鸡或鸽子生蛋而蛋又可以孵出小鸡或小鸽子的过程、狗或猫生育后代的过程、种子成长发育的过程等。照顾动植物可以培养孩子的责任感和爱心，还可以提高孩子的预见力。

在孩子和他们照管的动植物之间会产生出一种神秘的一致性，从而引导孩子完成自我教育——感激之情、生命的觉知、人生品格。

○ 启发孩子合理"使用"大自然。

1. 将教育与农业联系起来，孩子们将会发现土地具有增产的秘密，也将获得大自然最丰厚的报酬。农作物种植最能培养孩子对大自然的情感，因为植物在自然完成生命的进程中给予的远比索取的多。大地就是那么神奇，人类的命运与之息息相关！

2. 时常走进大自然收集一些"宝贝"并发挥其功用，比如树叶、树枝、石头、花果等。我们可以引导孩子加工制作、科学研究、艺术创作。

一个热爱大自然、热爱生命的孩子，他的身心都将会得到正常化的发展，其他不良的性格和心理偏差自然不治而愈。

 温馨贴

人的心智是通过感官和知觉形成在思维上的认知整合、判断、推理，如果孩子们没有真实的认知，没有与自然的接触，没有在自然中学习、探索、体验的经历，他们的感觉和知觉都会受到影响，不仅性格和情绪容易受到影响，在道德、审美、情感的发展上也会有相应的缺失。

抓住孩子的敏感期

2014 年 7 月 13 日

一直以来我都不怎么习惯扎头发，今天中午孩子睡着以后我一个心血来潮就给自己扎了个马尾辫，想试试不同的感觉。

万万没想到的是，当儿子一个午觉醒来看见我就哭了。我靠近他想安慰他的时候，他竟然把我推开了，边哭边说："妈妈的头发！妈妈的头发！"这时我才意识到刚才我扎头发的事。

直到我恢复了原样，他才平静了下来。

我心里暗想，孩子对秩序的这番敏感何时才能"熬"过去呀！

……

到了晚上，我发现好久没用的一瓶玫瑰味精油找不到了，儿子得知后不知从哪里硬是把它找了出来。我好奇地问他，在哪里找到的，他很淡定地回答我："它一直都在那里呀！"他小手指着的地方正是原来放精油的地方，只是我长期不用把它给忘了。当我用完精油还没来得及放回去的时候，小家伙二话不说又跑过来自己把它放回原处。

这下子，我改变主意了："还是让这个敏感性慢慢过去吧！"

敏感期很神奇但并不神秘

敏感期真的神奇吗

对于许多新的理念和方法，你都可以抱着一种批判或者质疑的态度去验证，但是敏感期的神奇几乎毫无悬念。只要你接触过孩子这种"特殊生物"，你就不得不相信，身为成人的你在一些特别的领域明显没有孩子学得快、学得像、记得牢。有时你甚至都还没搞明白是怎么回事，孩子就已经轻而易举、毫无意识地脱口而出了，这表明他正处在语言敏感期。对于有些你还没有发现的细节和变化，孩子早在你之前就已经发现了，这表明他正处在微小事物敏感期。对于有些你不在意的秩序和规律，孩子非常在意和坚持，这表明他正处在秩序敏感期。

我记得有一次上课讲到敏感期的时候，有一位妈妈分享了她朋友的一段经历：

她朋友在孩子两岁时全家搬到了美国去居住。妈妈和孩子刚到那边的时候听不懂英文，全靠爸爸来交际。戏剧性的是，一年以后，妈妈自己的英文还说得结结巴巴，大部分时候还需要拿着随身翻译器去办事，但孩子和小朋友们玩耍交流已毫无障碍。

总之，孩子对什么敏感，什么就会成为他身体里的一个部分。敏感性让孩子具有科学家一样的钻研精神和探索精神，让他们专注又耐心、狂热又执着。

正因为有敏感期的存在，所以成长的真相是孩子"指挥"自己长大，而不需要你"指挥"他长大。他们总是一种热情耗尽，另一种热情又随之燃起。敏感性会驱动孩子在什么阶段该做什么事。孩子年龄越小越主动，总是无所畏惧地想其所想、做其所做，而在大孩子身上我们则越来越少看到这种现象，他们的敏感性在渐渐消退。

可以这样说，蒙台梭利对儿童敏感期的发现解释了孩子成长过程中各种奇特的行为和其背后的心理奥秘，替孩子们洗清了长久以来成人对他们的误会。

儿童敏感期并不神秘

之所以说敏感期并不神秘，是因为它的到来和存在对于孩子来说都不是什么秘密，不是特殊的人才能拥有敏感期。敏感期存在于每个孩子身上，而且毫不掩饰地表现出来。只是因为这种特征是由孩子自己去表现而完成的，所以才会时常被自以为是的成人忽视或者磨灭。当别人家的孩子各方面都表现出了明显的优势，有的父母才会感叹："哎！我们怎么都没发现孩子有什么敏感期呢？这也太神秘了吧。"

孩子身处什么时期就会执着地做什么事，如果你不理解这是他学习和成长的方式，一意孤行地认为他们需要你的指导和安排，那么你就是"误人子弟"，白白浪费了大自然赋予孩子的黄金密码。

你的观察胜于教导！

先学会识别再去"抓"

目前关于儿童敏感期的书籍和文章有很多，父母们看着各式各样的读本难免有些迷茫。我的每届父母班都会有学员问我该如何选择相关书籍。

我发自内心地认为，时代在进步，研究在深入，后人得出新的结论和教育结晶也很正常。我们蒙氏父母不也是新浪潮吗？其实敏感期的数量不是重点，重点在于什么是敏感期，识别敏感期的特征比识别有多少个敏感期重要得多。有了基本判定的标尺你自己就能辨识，就能发现（说不定由于你的认真观察，你也可能成为下一个儿童秘密的发现者），到那时你就再也不用为层出不穷的新概念、新名词诚惶诚恐，乱了阵脚。更不会为了"抓"而"抓"所谓的敏感期。我的主张是先学会识别真正的敏感期再去"抓"！

是不是敏感期，你观察孩子的行为和心理是否具备以下特征就能很快辨识出来了。

1. 兴趣——对某个事物或对象特别感兴趣，有时甚至接近狂热。

2. 专注——对敏感的工作显得格外专注、专情。

3. 耐心——对敏感的工作显得格外耐心，重复而且不厌其烦。如果孩子对某些工作只是一时兴起，并没有坚持做下去，则不能称之为敏感。

4. 自发性——不受外界干扰和引导，孩子自发的行为。

5. 极具创造性——孩子的自我创造性明显，学习力超强。

6. 时效性——敏感期有开始也会有结束。孩子一旦获得预定需求以上的成果，敏感现象就会自动消失。看起来孩子都"喜新厌旧"，但实际上是他们有很多东西需要去学。

敏感期分解

没有什么比语言更能明显察觉到孩子"天才"的一面了。不管多难的语种，只要生活在该语种的环境中，正常孩子便可学会，语言对他们来说只是生命的一个部分而已，无须刻意用功努力学习。

语言敏感期 |

周期：0～6岁。

　　2岁爆发期。

　　3岁词汇精确度敏感期（达到精确之前，孩子会出现暂时性的"口吃"现象）。

　　5～6岁逻辑精准敏感期（达到精准之前，孩子会出现一段时间的"卡壳"现象）。

特征：到了一定的时间，孩子自主会讲、会听主要照顾者的同类语言（可多语种），以及长期居住地的语言。

意义：语言是人类智慧的显著特征，也是测评幼儿智力发展的重要参数，是表达内在自我以及与人沟通的重要方式。

　　你注意过婴儿的微笑吗？蒙台梭利说："事实上，唯一能使我们捕捉到儿童进入语言敏感期的是他们的微笑。"这是一个多么美好的开始，可爱的天使对着说话的成人回以微笑，这竟然是学习的信号！

　　语言敏感期当之无愧是孩子学习语言的天赐良机，它具有很长的周期。有些孩子的语言敏感周期，其截止点可以延长到7岁。我想就不用赘述语言对一个人的重要性了，也许父母更应该知道的是——在语言敏感期，自己可以为孩子做点什么？

　　1．"听"是语言的输入过程，"说"是输出过程。孩子要习得人类的语言，首先要从听人类的语言开始。

　　听觉是人类最早完成发育的感官知觉，在孕期5～6个月的时候，胎儿就已经有听力了。在听力接收到的众多声音中，婴儿唯独对人类的声音敏感，所以他们学会的是人类的语言而不是鸟的语言、虫的语言。

　　从孕期开始父母就需要认真跟孩子说话。他们的语言不是从会说话开始，而是从"听"开始。听的质量和数量都影响着说的质量。

2. 多语种家庭的孩子普遍开口时间会出现不同程度的延迟，因为他们需要更多的时间来整理接收到的信息。但是你要充分相信孩子这方面的天赋，一旦他的大脑做好了准备，似乎一夜之间他们就会同时输出多种语言，而且可以自如切换。

3. 请善用天赋！孩子虽然有很神奇的语言敏感力，但一定是在自然环境下自然吸收，越生活化效果越好。所以重在提供环境，而不是灌输。不要强迫幼小的孩子专门以"学习"的形式来学习外语，目的性和填塞痕迹过重的行为都会过早抹杀孩子学习语言的兴趣，严重的还会使孩子产生抵触心理。

4. 满足孩子重复听同一个故事的需要。重复是孩子学习的重要方式之一，当他熟到会背的时候，其内心就像建立起一种新的语言机制般有成就感和满足感，同时这对日后的指读也有很大的帮助。

5. 可以给孩子听有韵律的、优美的诗词和童谣。这是一种语境感化。不用刻意解释诗词的内涵和意义，孩子的感知力超出成人的想象，美的东西有天然的吸引力。让孩子感受到语言的丰富性和美感才是幼儿阶段的重点。

孩子最初的语言环境影响孩子的学习轨迹

说到语言，美国芝加哥大学妇科及儿科教授达娜·萨斯金德博士[一]和她的团队提出来的"3000万词汇倡议"值得父母去了解一下。这是一项不可思议的调查和研究，在4岁前孩子之间词汇量的差异竟然高达3000万个。

[一] 达娜·萨斯金德，贝丝·萨斯金德，莱斯利·勒万特–萨斯金德.父母的语言 [M].任忆，译.北京：机械工业出版社，2017.

这种差异不是来自家境，也不是来自报了多少课外班，而是来自孩子从一出生父母与他们的语言互动。这项研究明确指出，父母对孩子所说的话直接影响其大脑的发育。我们人类的大脑是出生后唯一还具有可塑性的器官，尤其是在3岁前。孩子一出生，每秒都会产生700～1000条额外的类神经连接，父母的语言是刺激大脑发育最便捷的教育资源。现在我们可以确定，我们对孩子所说的每句话、每个词都会到达他们的身体里，他们是"强大的海绵"，他们在用这些素材悄悄构建自己的思维，形成自己的个性。

印度"圣雄甘地"曾说："你永远不知道你的付出会收获什么，但是你无所事事的话，一定不会有任何收获。"

秩序敏感期

周期：0～3岁。

特征：孩子对秩序（包括人、物、环境之间的关系）非常敏感执着，不容易或者不接受没有准备的改变。复原秩序才能让孩子安定和平静下来。

意义：秩序敏感期是孩子建立自我定位和帮助其适应环境比较重要的时期。相对稳定和有序的环境对孩子具有安全、平静、快乐的特别意义。秩序性可以帮助孩子建构一个有序的逻辑大脑，终身受益。

秩序敏感期可以说是最容易让孩子"蒙冤"的一个敏感期了。很多不愉快的亲子时光大多跟这个特别的阶段有关。

有两个敏感期是蒙台梭利博士挥洒颇多笔墨来阐述的，也是在她的著作中明确命名过的：一个是语言敏感期，另一个是秩序敏感期。

秩序敏感期的发现解放了不知多少孩子和父母。因为它在孩子身上表现出来的就是"固执""执拗""完美"，你要是不了解孩子对秩序有特别的敏感性，不了解秩序是孩子合理的要求，就会对孩子进行各种"纠正""掰直"，与孩子"斗争到底"。

父母都有经验，只要破坏了孩子的内在或者外在秩序，他们就立刻从天使变成难缠的小魔鬼。他们从出生就经历了不知道多少次在成人看来无理的哭泣和叫喊，不曾想那是我们扰乱了他们的秩序。比如：

○ 你随意变动了他熟悉物品的摆放位置，孩子不同意。

○ 你随意变动了常规程序（先做什么后做什么），孩子不同意。

○ 你变动了房间环境、陈设，甚至妈妈的发型、挂包等，孩子有明显的反应。

○ 孩子计划要做的事情被你抢先一步做了，他会情绪失控。

○ 一个完整的物体被你"破坏"了（比如圆饼被分成两半等），孩子不同意。

......

当你不知道怎么做，就什么也别做

针对秩序敏感期，我给成人最中肯的建议就是：当你不知道怎么做时就什么也别做！孩子的秩序有孩子的道理！

成人不理解孩子的那种执着，采取了强扭、不在意、不尊重的态度，这造成了孩子内心难以名状的痛苦和混乱。渐渐地，他们会往两个极端的方向发展（因为个人的先天气质不同），要么变得麻木、混乱，要么变得极其叛逆、敏感。

下面是关于秩序敏感期建议家长采取的应对方法：

1. 在家庭中，成人请养成"分类摆放"物品的习惯。我在这里要强调的，不是家庭清洁卫生，而是物品分类。对于物品摆放，不要混乱堆放，也不要频繁变动位置。

2. 成人自己也要养成"归位"的习惯，即物品用完后放回原位。

3. 建议在孩子3岁前别轻易搬家。

4. 照顾者不可以频繁更换，妈妈尽可能自己照顾孩子。

5. 成人做事有条理，养成行动前事先与孩子说明的习惯。

6. 没有十分紧急危险的情况下，请允许孩子按照他自己的秩序和节奏做事，尽可能不干涉和控制他的行为。

7. 成人制定的规则不要轻易改变，当迫不得已而改变规则时，成人需事先与孩子商量。

8. 孩子"无理"哭闹时，成人需先观察后行动，排除身体安全及健康因素后，应及时观察周围秩序因素包括人为秩序因素。

9. 当无意打乱了孩子的秩序，他们坚持恢复原状或者重来一遍时，成人需酌情对待：如果是很简单就可以做到的，你大大方方满足他即可，这并不会宠坏孩子。得到满足的孩子会很快渡过这一关，进入其他的敏感期，不会在这个问题上浪费精力。只有总是得不到满足的孩子才会形成"固结化"，耽误了正常周期的推进。如果是不可做到的事情，成人先表示歉意以及表达对孩子感受的理解和接纳，然后温和而坚定地告诉他事实。若孩子还不能接受的话，只有耐心等待他自己调整情绪，或者转移注意力，请不要再做其他事，多余的指责和说教没有任何意义。

在我儿子3岁多的时候，每次出门都抢着按电梯的按钮键，如果哪一次我们大人手快先按了，他会非常生气。起初，他的爸爸怕我"顺"着孩子会把他惯得太任性，但在我耐心劝说后，他才将信将疑决定"放手"让孩子试试。后来，我完全把这个"工作"交托给孩子了，有时他慢了，我还会主动提醒他："你去按电梯吧。"每次如此，过了没两个月的时间，他就"杯满溢"了。突然有一天，我又说："儿子，该按电梯了。"结果他故意漫不经心地回了一句："妈妈，你来吧，我故意让给你的。"从那以后，"谁按电梯"再也不是我们家的问题了。

他爸爸看到了成果，很有感触。他说："难怪叛逆的孩子那么多，原来都是家长不够懂孩子，我要是坚持'制服'他的话，估计现在他还在跟我拗着呢。"后来，孩子计划要自己做的事，若被我们做了的话，他会表示不同意。只要条件允许，我们会很识趣地同意他重做一遍。孩子感受到了我们的宽容和理解，他在重复中获得了自己想要的东西，很快就不再坚持了。一个人的心若顺了，情绪也会很稳定，并且会极其有同理心。

生命觉知的关联性

其实我本人也很喜欢深谈秩序敏感期，不仅是因为敏感期有上述意义，对孩子学习有长远的帮助，还因为敏感期与生命觉知有着密不可分的关联性。

我时常在想，生命本身就是创造体，每个生命的存在及其功能都是有关联性的，它们彼此服务、相互依存。这犹如宇宙，万事万物相互效力。我们不能孤立地看待某一个体。

孩子对一个大饼被掰成两半表示不能接受，对物体的形状被改变而生气等，这些表现真不是无理取闹。对物体完整秩序性的觉知保持得越好，他们越能对自己破坏的事物有觉知。比如，当不懂世事的他打碎了第一个碗、第一个杯子时，天然会对此感到惋惜、自责、害怕。虽然我们也不希望孩子自责和害怕，但这是自然情绪。自助式成长的规律就是生命会"分泌"成长需要的养料，以保证其正常化发展。试想，如果它们对物体的完整性没有敏感力的话，那么他们对物品的损坏以及环境的破坏也不会有觉知能力。他们就会像无关者一样继续玩自己的，永远长不大。

蒙台梭利曾说："儿童对秩序的这种敏感性如同上帝给了人一个指南针，让他们去适应这个世界。"希望我们一起和孩子共同保管好这个"指南针"！

感官敏感期 |

周期：0～6岁。

特征：孩子的所有感官都很敏感，一刻不停地使用自己的身体进行"工作"（嘴、眼、耳、鼻、手、脚等交替、重叠运用）。

意义：人的智力形成需要依靠感觉器官的工作来收集信息材料。

感官知觉包括视觉、听觉、嗅觉、味觉、触觉等。

感官敏感期直接关系到孩子的智力发育，可是却渐渐被越来越重视智力的父母抹杀了。这是悲剧，同时也是闹剧。想让孩子聪明但又想绕开通往发展智力最基础的道路，这不是闹剧又是什么呢？

来看看父母想怎样绕开这条路。他们这不让孩子碰，那不让孩子摸，一会儿嫌脏，一会儿嫌乱，一会儿嫌收拾起来麻烦，毫不客气地说，这就是"瞎讲究"，巴不得孩子在"真空"的状态下自己长大，少给他们增加一点儿麻烦。他们幻想用绘本、动画片及讲道理的方式让孩子明白：什么是粗糙的，什么是光滑的，什么是刺痛的感觉，什么是柔软的感觉，什么是三角形，什么是三角锥，什么是轻的，什么是重的等。孩子像在听天书，也越来越反感所谓的"学习"。渐渐地，孩子越来越爱幻想、虚构、不切实际，因为这是他们唯一能做的事，越来越感统失调、人格失调。我给这种养育方式取名为"真空养育"。

我们要知道，人的智力不会凭空而来，而是建立在幼儿的感官活动以及敏感期打下的基础之上的。

没有真实的感觉信息刺激大脑，孩子就难以获得真实的神经元连接，从而缺乏知识网络。所以，不管你给孩子看多少图片，或让孩子用平板电脑、学习机，那些孩子未曾真真实实感受过的所谓的"知识"是无法变成他自己的东西的。

利用孩子感官的敏感性来学习是人类初期必经的重要之路，也是孩子最喜欢和适合的教育途径。蒙台梭利在一百多年前就通过观察抓住了这一重要教育线索，这在今天看来依然充满了前瞻性。她的这些科学观察和教育方法得到了越来越多权威的论证。

别把孩子"关起来"养，他们身体的每一个细胞都如饥似渴地等待着去接触和认识这个世界。

茜茜从小由有洁癖的外婆照顾，爸妈工作都很忙。当同龄孩子还痴迷于"吃"手和咬东西的时候，茜茜总是被外婆用一只布手套包着手，不让她吃手也不让她乱抓。当其他小朋友已经可以用手抓着东西往嘴里送，大口享受美食的时候，茜茜还是像没手的孩子一样，天天被外婆喂，一动手就听到"别把手弄脏"的警告。当一群孩子在草地上爬来爬去、滚来滚去时，茜茜的身边总是跟着外婆，她不让茜茜摸石头、捡树叶，更不让她坐在草地上。每天重复最多的一个字就是"脏"！

后来，茜茜无论是动手能力，还是语言能力都比同龄人迟缓，整个人看起来不怎么有灵气。上了幼儿园后，她啃指甲的现象很严重。大人发现并阻止这种现象后，她又换成了咬衣角，学起东西来也比同龄人慢很多。当我第一次见她的时候，一种"这孩子太缺玩"的直觉尤其强烈，仿佛眼前站着的是一个前三年都被包裹在一块布里长大的孩子。这些问题与她的那些经历密切相关。

另一个案例是关于一个两岁女孩的。这个小女孩正处在语言的爆发期，爱讲话也乱讲话。她其实一直不知道"辣"是什么滋味。因为家里老人带她的时候不让她碰辣的东西，每次她只要一伸手，老人就会立刻把她挡回去说："辣！"后来，她见到不让自己吃的东西，她都说："辣。"直到有一次我们在一起吃饭，除了蒸蛋，她指着其他菜都说："辣、辣、辣。"我问她妈妈："她吃过辣椒吗？"她说："没吃过。"当听她妈妈讲完始末后，我建议就让孩子尝一尝辣。她妈妈用一只筷子的头轻轻蘸了点有辣味的汤汁给女儿舔，女儿很好奇地舔了一下筷子，小舌头马上伸出来大喘气，直要水喝。这时候妈妈告诉她，这就是辣的味道。知道了辣味的小女孩脸上很神奇地显现出自豪的神情，仿佛吃辣是一件很"英雄"的事。这显然跟平常老人不让她碰辣有关，现在她尝到了辣味，就等于在宣告：我战胜了家人的禁忌，我知道了什么是真正的辣味。

当她知道了什么是辣味，反倒不再像一开始那样对什么菜都说"辣"了，她改口说："我尝尝就知道了。"她边说边一脸得意。

这个两岁的小女孩在没尝到真正的辣味之前，她嘴里所说的"辣"只是单纯的语言反应，大脑里并没有具体的图像和相关信息呈现出来，也就是空白的。而当真的用舌头尝到辣味时，她的感觉神经就会马上通知大脑，由大脑把这个强烈的、新鲜的信息记录下来，就算下次没有真的吃到辣，大脑里也会浮现出"辣"的感觉是什么，这就完成了从具体到抽象的转化过程。

动作敏感期 |

口 ⇔

周期：0～1.5岁。

特征：什么东西都往嘴里放（"吃"手和一切能抓到的东西）。

意义：婴幼儿是通过口腔了解和探索世界的。满足口腔需要可以帮助婴幼儿完善口腔肌肉以及其他功能的发展，比如咀嚼、出牙、咬合、语言、认知、心理健康、人格发展等。

后果：阻止婴幼儿口欲期的行为或者其口腔需要得不到满足，会影响到身体功能、性格乃至人格的发展，从而形成口欲期固结、口欲期人格，具体表现为长期吃手、啃指甲、咬人、洁癖、狭隘、怯懦、酗酒、抽烟等。

措施：保证小手和玩具等物品的清洁，尽量满足婴幼儿口欲期的需求。如果有危险，请用替换的方式解决而不是强硬阻止和批评论断。

手🖐

周期：0～6岁（从孩子会抓握东西起，手的敏感性逐渐突出）。

特征：永不停歇的手，见什么都要用手摸、用手摆弄，由手部整体运动逐渐向精细动作过度。

意义：发展手就是在发展心智（心理和智力）。手部运动是人类独有的特征之一。

后果：阻止孩子动手探索就等于阻止孩子成长。

措施：1. 充分满足孩子的动手需求，让他多做手部工作，多做家务。

2. 如果有危险，或者不合适，请用替换的方式解决而不是强硬阻止和批评论断。

脚👣

周期：1～2岁特别突出。

特征：刚学会走路时，孩子会横冲直撞、不顾一切地行走。会走路后，孩子喜欢走一些特别的"路"，路上有花台、石头、沙堆等。

意义：促进小脑发育、脊椎神经发育，自我修正平衡感。

注意事项：1. 切勿保护过度，允许孩子在安全范围内探索和练习。

2. 人类虽然有行走的本能，但不是"等待这种能力的自然发展，而是要通过环境支持、反复练习获得"。

3. 孩子行走和成人的目的不同，陪孩子散步必须尊重孩子的节奏和需要。

微小事物敏感期（细节敏感期）

周期：1.5 ～ 4 岁。

特征：对微小事物和细节尤为敏感、好奇。

意义：1. 辨别事物微小差异的能力是人类智慧的表现之一。

2. 该时期是锻炼观察力、专注力的好时机，为日后学习做准备。

注意：不可打扰和干预，不予评价和催促。

微小事物敏感期的孩子是捕捉细节的高手，但同样容易被成人忽视。蒙台梭利曾指出，孩子无时无刻不在以一种敏锐积极的方式观察、融入周围的环境，所以他们才能看到成人视而不见的事物。

有一次，我挑选了一张让孩子认识历史人物的图片，刚开始我并没有告诉他我的目的是介绍人物故事，只是先请他看，他观察了好一阵子，很兴奋地指着一只闭着眼睛的小猫咪告诉我说："你看，小猫咪睡着了。"

还有一次，我的头饰里少用了一个夹子，孩子突然跑过来跟我说，妈妈你今天怎么没有戴那个有点亮的夹子呢？我突然意识到孩子虽然从来不说，但他一直在默默观察着我的一切。类似的事情，频繁在小孩子身上发生，他们更注重细节。

没有细节就没有伟大

成人以为孩子有自身局限，所以孩子才不能宏观认识，也不能抓住重点，以为孩子被细节吸引是一时兴起。事实上，没有细节就没有伟大。

很多时候，成人在孩子面前是自私的，只不过自己没有感觉到这一点。比如，成人心里更容易只装着自己的目标，而对身边正在对精神需求如饥似渴的孩子的举动和信号熟视无睹，强拉起正在路边观看微小生物的孩子匆匆赶路去了，就算不赶时间，他们也总能找出事情来破坏孩子的专注力，一会儿吸引他看这样，一会儿吸引他看那样。

你有过这样的经历吗？带孩子逛景区，我们指着各种名胜古迹让孩子看，可是孩子对那些风景一点都不感兴趣，他们只对路人丢下的一个亮片或者小玻璃珠什么的感兴趣，一会儿用脚踩，踩一会儿再用手去捡起来，总之，他们和成人的眼光是如此不同。有的成人没有意识到自己的问题，反倒对孩子"恨铁不成钢"，认为孩子对好的、大的东西视而不见，只会去关注那些不起眼的、毫无意义的东西。以后一见到孩子弄那些毫无意义的东西，成人便毫不客气地把孩子拎起来就走。在孩子身上，无处不彰显着成人的强势和控制。

孩子在自己帮助自己成长。如果孩子的专注力没有被人为破坏的话，他会是一个知识丰富、细心、有秩序、有观察力的孩子，无论是学习还是生活，他都能自如应对。只有从小就被剥夺或者破坏微小事物敏感性的孩子，才会在以后上学时粗心大意，习惯性地错失各种人生的机遇。

悉心呵护细节敏感性

对于观察细节的"超能力"，在孩子 1.5 ～ 4 岁这个阶段较为突出，我们只要能做到"不破坏、不打扰"就已经是功劳一件了，不必煞费苦心地专门训练孩子。孩子能从事物中辨别微小差异，这不仅是智力的高级表现，也是满足他们内心和谐的天然需求！

有一次我打算清点教室里的教具，因为总有一些小配件会丢失或者损坏。儿子似乎对我这个工作很感兴趣，在我还没有发现任何迹象的时候，他已经帮我发现了一些珠片和乌龟拼图上的尾巴部分不见了。自那以后，每逢遇到清点教具的工作，还有整理渐变色卡、精细划分触觉板等这些细活，我都尽量留给他做，在这些方面成人有时的确没有孩子敏感。

我越是肯定他的"观察入微"帮了我大忙，他越是乐于运用这方面的能力给自己创造价值感。

细节敏感期培养起来的观察能力对日后的学习和生活大有益处。

那是他人生中的第一次考试，我们没有向他灌输任何关于分数、名次方面的概念。考完回来后，他告诉我们考试其实很简单，就像平常做作业一样。我们是后来才知道，在做数学试卷时发生了一个小插曲，他不仅认真做对了全部题目，还发现了题目中有一点小小的问题（印刷的问题），但他并没有说什么，而是自己在试卷上默默补上印刷缺漏的内容。这个小小的举动感动了数学老师，考完试后还专门跟我提起此事。

社会性敏感期 |

周期：2.5～6岁。

特征：孩子喜欢并渴望跟小朋友一起玩耍，能够适应集体生活，开始对社会性规则、规范以及各种标志标识敏感。

意义：该时期是建立孩子生活规范、社会规范、行为规范、公共礼仪的绝佳时间。

注意：1. 在社会性敏感期没有到来之前，不用太强调或者要求孩子进行分享，耐心等待孩子的自主分享。

2. 成人在建立规范时尽量不要只阻止，而是要示范甚至必要时请模拟演练。

3. 当孩子已经表现出了明显的社会性需求时，即可考虑让他上幼儿园了（3岁左右）。

3岁左右，孩子开始试着走出"我的世界"时，发现"我"之外的世界太大、太复杂了，怎么样才能使自己安全呢？此时生命的提示就是让他产生对规则的敏感性，比如社交的规则、安全的规则、活动的规则等，只有这样他们才能顺利融入社会并结交到朋友。

当父母发现孩子对马路上各种标志敏感的时候，这是最好的机会教育。他们人虽小，但是很愿意服从那些禁止标志，这份天赋每个孩子在恰当的时间都会恰当地出现，来得十分神奇。为了满足孩子的需要，这时候父母可以收集各种各样的标志来给孩子玩配对游戏、图文对应游戏、语言游戏等，不用多长时间你就会发现你的孩子记得比你还多。到了相应的环境，如果孩子管不住自己的身体，你只要提示他看标志就可以了，不用言语过激而伤害他们。

另外，孩子多少会出现一些社交上的挫败，这是很正常的。他们渴望社交，但又不会社交。此时，父母借助孩子渴望社交的敏感性向他们示范社交规则，会事半功倍。蒙台梭利的混龄教育在处理这个问题上有极大的优势，孩子能很快度过他们的社交障碍期，跟随比自己强的大孩子是他们永远不变的"忠诚"。

处在社会性敏感期的孩子，他们还会留心观察各种社会角色和家庭角色，意识到一个集体里面有分工和管理的需要、角色（岗位）的需要，所以他们能明白班级的管理者是谁，学校的权柄在谁手上。几个小朋友自己玩也会模仿成人社会，他们有分工、有领导者。另外，家庭中他也悄悄在观察家庭成员的构成与分工，玩角色扮演或者过家家的时候，我们就能很清晰地看出他接收了家庭的不少信息。孩子走出"我的世界"开始去探索外面的世界，就是其社会性敏感期最典型的特点。

父母在孩子的敏感期能做什么

敏感性是儿童心理发展的"钥匙"，如果我们阻碍了这种惊人的创造性本能，孩子的心门将会很难再打开，他们无法正常发育，其心理产生紊乱。

行动受阻的孩子，他们是无比压抑和愤怒的，但同时与强大的成人比起来，他们的抗争也是极其有限的。他们屈服的那一天就是丧失自我的那一天。虽然成人不能左右孩子的敏感期，但是如果孩子在其敏感期没有按照敏感性的"指挥"行事，他们就会失去这种天赋的力量。

父母能为孩子敏感期做的第一件事就是不要去阻碍孩子的行动。

第二件事是提供或者创造相应的环境，支持孩子敏感性的发挥与发展。

第三件事是鼓励。就算是孩子自己感兴趣的事情也会有受挫的时候，父母的鼓励是孩子的助推剂，让他们的"创造"有始有终。

温馨贴

◎ 本章仅提到了 6 个敏感期，但不代表孩子只有这 6 个敏感期。据我们长期对孩子的观察，他们的生命密码里还有很多蒙台梭利本人没有提出来的敏感性，分布在前 6 年的各个时期。比如，孩子的书写敏感期（3.5～4.5 岁）、阅读敏感期（4.5～6 岁）、性别敏感期（3～6 岁）等都是客观存在的。

◎ 父母也许会担心自己的专业程度，的确如果足够专业是最好不过的，但是作为父母最重要的并不是专业技巧，而是帮助孩子的愿望和坚持不懈的观察，只有了解孩子才能真正帮助孩子。

孩子的专注力从哪里来

2017 年 6 月 4 日

　　我特别理解我的学员跟我倾诉的每个案例，因为我也是妈妈。站在妈妈的立场，久经战场的"老手"也会有"失手"的时候。今天我就被儿子"黄牌警告"了。

　　晚饭后，他正在自己的房间画画，我在书房写东西，他爸爸剥开了一个柚子送来给我吃，我一口咬下去觉得好甜好好吃，于是不过大脑地起身拿起柚子就往儿子的房间跑，只希望也让他第一时间尝到这么好吃的柚子。

　　当我进到儿子的房间递给他柚子时，整个人才像刚刚清醒过来一样，意识到自己好冲动，怎么就这样进房间了，怎么会在孩子专注的时候打扰他，心想：吃有那么重要吗？但是后悔已经来不及了。儿子很生气地说："妈妈，你犯规了，进来不敲门。还有，你打扰我在想的事了。黄牌警告！"

　　于是我灰溜溜地被"逐出"房间，不过柚子被留下了。什么情况？

试问：

学龄前培养孩子的什么能力最重要？

准备好一颗渴慕学习的心和学习用得上的能力最重要！

学习用得上的能力是什么？

专注力！独立思考和动手的能力！解决问题的能力！

学龄前具体会多少个字，会多少道题，学会了什么，这些可以说是最不重要的。为什么这么说？前面我也提过一些，这是孩子得到了"鱼"还是"渔"的问题。为了让还未准备好学习心智的孩子认识几个字、学会几道题，便毁了他的学习兴趣，这种情况在现实生活中举不胜举。可怜的孩子连真正该上学的年龄都还没有到，就已经对学习毫无期待和兴趣了，这种代价是惨重的。

　　父母也不要理解偏了，我不是说幼儿不可以认字、学习数学等。这些所谓的知识，我一再说是学习的自然产物，而不应该是学习的目标。先预备好学习的能力难道不比学会一点知识重要吗？一个专注、好学、会学的孩子，学习对他来说有什么困难的呢？只要掌握了学习方法，他将知道老师知道的，还能知道老师所不知道的。

认识专注力

"心流"是由美国积极心理学奠基人米哈里·契克森米哈赖提出来的概念。这是当人全神贯注投入而达到的一种心理现象。这种现象的体验过程（心流体验）会让人有一种充满能量并且非常满足的感觉，人的幸福感多半来源于此。这说的不正是我们教育上所讲的"专注力"（注意力）吗？来看看远在一百多年前被誉为极具前瞻性的蒙台梭利是怎么描写这种奇特能力的。她说："帮助孩子集中注意力最重要的就是激发儿童产生一种让他全部人格投入的兴趣，这是积极的心理体验，会让儿童充满活力、产生某种极大的快乐"，并且"儿童集中自己的注意力将会获得一系列的优秀品质，如同喷涌的泉水，他们的心中奔涌出对生活的爱，并且把这种爱传递给他们身边的人"。显然蒙台梭利博士早已发现"投入全部人格的兴趣"将会使儿童产生前所未有的专注力，而专注力的产生又将迎来儿童前所未有的积极心理体验以及大脑神经网络的永久性改变。

与米哈里积极心理学"心流"的研究有所不同，蒙台梭利不仅超前发现了专注力产生的影响，而且还将理论付诸行动完成了实体化，只不过她把成果应用在了教育领域。蒙台梭利发明的教育法和实体教具，最大限度地让儿童实现了专注力体验，蒙氏工作的一个基本"功能"便是专注力的培养。

专注力真的那么重要吗？

父母应该有过这样的经历：孩子三心二意、多动易怒都会令我们着急，仿佛冥冥中谁都知道不专心的后果不太好，至少学习不会好。还有就是只要孩子稍微有一点心理或行为上的偏差也会令我们寝食难安，只是我们不知道这方面问题的症结也在专注力。

从蒙台梭利专业的角度来说，专注力是帮助儿童通往正常化发展的重要因素。换句话说，决定儿童正常与不正常的因素是他们能不能专注地做事。如果成人不能帮助孩子发现和挖掘能让他们投入全部人格去做的工作，那么他们很快会产生心理疾病，行为也会异常怪异。

在《有吸收力的心灵》一书中，蒙台梭利这样写道："儿童的正常发展源于专注于某项有兴趣和有目的的工作。"当孩子集中注意力的时候，他就能够与自己的内在老师联结，俨然一个隐士，暂不关注身边的其他事物。儿童的个性就是在这个过程中悄悄形成的。这个心理过程其实很简单，就是使自己有能力暂时离开这个世界，当结束自己的研究后又以一个全新的自己重返世界，从而更好地融入其中。正所谓"不识庐山真面目，只缘身在此山中"，适当将自己剥离出熟悉的环境，让心灵进行某种全情的投入，当再次归来时，你的心灵仿佛又充满了丰富的养料。我们把这种过程称之为"心灵的新陈代谢"！孩子的心灵得到反复多次的代谢后，将会逐渐获得一种坚毅而平静的性格，对周围的人充满了爱。

为了实现这些成长，我们必须给孩子提供能激起他们兴趣且能达到专注的工作材料，他们通过操作这些具有实际意义的物品，使自己的心智条理化、动作协调化。一旦孩子专注起来，他的许多缺陷就能被弥补了。

简单理解就是当孩子专注于某件事情或工作的时候，他的大脑、身体、精神、意志以及所有感官都集中于同一目标，从而产生相互间的连接和高度协调。我们知道，一个人一旦创造出身心统一的和谐秩序，那么生命自然就会呈现出积极的特征，比如自信、愉悦、满足。孩子就是通过对自己身体和思想的掌控体验来建构自己的。

自己动手做事的孩子，他们的成就和目的不在于结果，而在于参与感本身。参与感和掌控感能够让他们产生真实的能力，别人做的永远是别人的体验，只有自己亲自做了才是自己的。

一般我们观察孩子是否在专注状态有以下参考：

○ 情绪是否平静（内心安定）？

○ 眼神是否明亮（求知欲强烈）？

○ 大脑有没有在思考（一直在解决问题或者重复操作）？

内心的安定是生命的一个极高境界，成人获得这种体验的途径比孩子丰富，可以是专注的学习、工作和运动，也可以来自信仰的力量，甚至来自某种崇高的理想和情怀等，而孩子的安定则是源于专注和内心的秩序。

这再一次力证，孩子们想要自己动手的愿望是出自生命成长与优化的本能。只不过必须说明的是，最佳培养和纠正的时期是儿童吸收性心智时期（0～6岁）！

专注力的真相

虽然专注力如此可贵，但它并不遥远，其潜力就在每个人起初的生命中。孩子从出生那一刻起，其自发行为就得到自由发展和保护的话，他们在自己感兴趣的事情上便能达到长时间的专注。

什么叫"自发行为得到自由发展"？即孩子可以跟随生命的内驱力做他自己要做的事情，发展他要发展的能力。人的阶段性发展并不是由谁来操控的，它是生命自身的规律，比如当到了视力需要发展的阶段，孩子自然而然会对光源感兴趣，渐渐对移动的物体感兴趣，再对色彩感兴趣等；当到了该发展手的抓握能力的时候，孩子会不厌其烦地对物体抓了又放。孩子天生就是为学习而来的，只是知道他们秘密的人太少，只要是他们敏感性驱使他们去做的事情，他们的专注力便是惊人的。

一般家长描述孩子专注力差，大部分是在说，对他们想让孩子做的事孩子的专注力差，而非孩子真的专注力差。一个婴儿盯着吊饰专心看十分钟以上，这不是什么新鲜事，妈妈们应该都还能回忆起类似的神奇瞬间。

如果反过来，所有孩子自己想做的事都被阻断了，孩子想做什么你就不让他做什么，随意破坏、随意打断、随意阻止，那么与之一起丧失的就是他们的专注力和人格的协调性。

由此，我们清晰地获知，保护孩子的兴趣就是最好的专注力培养！大部分孩子不是没有专注力，而是其专注力被成人破坏了。

影响孩子专注力发展的因素

一、成人随意打断和破坏孩子的活动

"孩子能有什么正经事儿"是我时常听到的老一辈人的口头禅。玩个沙、玩个水、搭个积木、画个画儿、观察小虫子等，在坚持实用主义的成

人看来实在太没有价值了。成人觉得让孩子做这些，是看在孩子无聊的份上偶尔给孩子的恩惠，什么时候让他停他就得停，让他走他就得走。成人习惯了随口就指示和安排孩子的活动。殊不知，成人每次随意打断孩子的活动，都可能会摧毁他刚刚要构建起来的某个经验和能力，下次他又得重新来，从而久久不能专注。

二、无知的关心

在孩子专心做一件事的时候，成人时不时端茶送水、喂这喂那、指指点点，这些都是干扰。

三、玩具过多

孩子和成人一样，选择越多越难选择。太多的玩具除了让孩子眼花、心花之外，我真的想不出这对孩子的发展有什么好处。这只会让孩子们从小就陷入选择困难和难以专注的境地，他们是开了眼界，可是其专注、珍惜、研究、探索的宝贵品质却丢失了，这样真是得不偿失。

四、电视以及智能化电子产品的过度使用

我的孩子一看电视就能坐很久，这是专注吗？

电视是专注力的"杀手"，这点已经得到了越来越多父母的认可，在这里我就不再展开论述了。手机、平板电脑等智能化电子产品正在涌入孩子们的生活。科技快餐大大方便了人们的生活，但是也正在破坏人们的生活。孩子们想得到的东西无须等待、想象甚至创造，只要学会在网上点下确认键就可以了，方便而快捷。习惯了及时被满足的孩子，耐心正在下降，注意力正在下降，想象力也在下降，人际交往的能力也在下降。

五、家庭活动太频繁

成人无规律的生活习惯和频繁的活动安排，对孩子并不是一件好事情。成人无法给孩子提供安静和相对稳定的环境，生活总在浮动的气氛中度

过，这对他们的专注力意识也是有影响的。

六、"转移注意力"速效法使用太频繁

很多时候父母为了吸引孩子、制服孩子，都会用"转移注意力"这一招，目的是想让孩子跟着大人的思路走或者立刻停止哭泣、执拗等。因为孩子很天真，好奇心又重，所以总能让大人得逞。因特别需要偶尔用用此招还可以，但是如果成人频繁使用它，这对孩子的专注力也是一种伤害。

七、安全感的缺乏

过去人们在谈专注力的时候，也许未注意"安全感"这一点，安全感和专注力无论从哪个角度来看好像都联系不起来。那是因为我们对外在影响的过度关注，包括对自己的关注。第一二期学员的教案里都还没有这一条，但是到了第三期，我就开始重视起来了。

安全感是典型的内在因素。许多缺乏安全感的孩子同时也伴随着无法专注的特征。这是我无数次对多个孩子进行观察后发现的规律。这些孩子的情绪变化总是影响着其专注力的发挥。

缺乏安全感的孩子，心力被分散得很严重，总是不能把注意力集中到工作中去，他们坐下来工作一两分钟就要抬起头，看看妈妈在不在，问问妈妈去哪里了，工作中频繁出现"找妈妈"的状况。有的孩子是妈妈不在就不做工作。有些孩子的表现则是，一边被想去工作的内心冲动驱使着，很快就找到自己要做的工作，一边又被心理的紊乱（不安）牵制着。有些孩子才独立几分钟，就要马上找老师，他们想尽一切办法让老师待在其身边，这些过程无疑都在消耗着自身精力使其不能全情投入到学习中。例

如，我们教室里有一个三岁的孩子用的方法最直接，几分钟就要说一次"我害怕"以此来引起老师的注意。

如何成就孩子的专注力

一、保护孩子的发展兴趣

兴趣是针对学龄前儿童专注力训练的主要且几乎是唯一的着力点。父母要做到尊重孩子的自发性活动，不破坏、不打扰、不干预、不轻视、不评论就是对孩子最好的保护。

如果孩子前六年的专注力被保护得很好，这就会成为孩子一生的品质，并不用刻意培养。反之，如果前六年专注力被破坏得很严重，后期则需要付出更多的、更艰难的努力去培养它。

我几乎没有刻意训练过恩恩的专注力，一直以来我们整个家庭都是奉行坚决不打扰的态度，让他把自己想做的事有头有尾地做完，久而久之，他早已自然形成了投入的习惯。带过我儿子的老师，无论是幼儿园的还是小学的，她们都很了解：这个小男生很有自己的主见和意识，玩起来很疯，但是做起事来很静，不喜欢被别人打扰。

专注也是一种习惯，比如起初他可以想看多久吊饰就看多久，想练习多久抓握摇铃就练多久，那么与此同时孩子也在练习自己的专注神经，他会默认这种习惯，时间长了，每次的反复刺激都成了强化训练。本节开始的那则日记是我们生活中的一个小插曲（妈妈做得多，犯下的错也多啊）。

二、适当的外部刺激（感觉体操）

虽然孩子天生对他们感兴趣的事情有专注的能力，但是如果没有适当的外部环境刺激，他们的注意力就得不到合理的开发。比如，婴儿内在产生了许多自发性的冲动，要去接触光、物体，以及倾听声音等，但是外部没有提供这些环境来满足孩子的需求，那么他们的注意力将得不到锻炼。

蒙台梭利将对孩子的感官刺激称为"感觉体操"，即对孩子进行视觉、听觉、嗅觉、味觉、触觉等方面的训练。说是训练，并不是强迫孩子去接受或者由成人随意安排，而是成人提供相应的环境，由孩子自己选择自己要做的工作。

外部刺激不是越多越好，也不是越强烈越好，刺激不当反倒会损伤幼儿的感官知觉，比如过度刺激他们的视觉、听觉等。最恰当的程度就是由孩子决定自己的工作时间。

有些外部刺激是没有任何用处的，比如让孩子做其不感兴趣的工作。他们的心门不打开，外面的刺激再敲门也无济于事。心门是什么？是他们的兴趣。除了孩子原始的兴趣，示范者对工作本身的娴熟、精确和自信也有机会引起孩子的兴趣，这是我们可以从外部帮助到孩子的微妙途径。

三、不用要求孩子什么都专注

再专注的人也不可能对什么都专注。既然兴趣才是专注的前提，那么我们可以通过适当的外部刺激培养孩子广泛的兴趣，但我们依然不可以要求孩子对什么都专注。个性化教育就是扬长避短，允许孩子成为他自己期待的模样。

四、学会取舍玩具

父母要养成跟随孩子的成长不断清理和配置适龄玩具的习惯。不适龄的、低质的（比如某些声光电玩具）、损坏的玩具等应该及时清理，对现有玩具要摆放有序。建议配置动手类的经典玩具，比如积木、拼图、沙盘、绘画材料和手工劳动工具等。

五、合理使用电子产品

分年龄段、有约定地限制性使用电子产品。

禁止行为不是解决人性问题的最好方法，就像心理学上的"禁果效应"，越是禁止的东西，人越想尝试。再则，孩子们以后面临的是科技时代、智能化时代，我们要教会他们去驾驭它而不是畏惧它，所以父母也不用"如临大敌"一般去看待电子产品。

首先，分年龄段对待孩子对电子产品的使用，2岁前尽量不用。且不说固有的不良生理影响（视力、辐射、脊柱的影响等），从其他角度出发，我们也不应该让孩子在这个阶段接触手机和电视。2岁前的孩子各方面的发展和吸收是最快的，这两年是培养习惯和精神人格最重要的时机，其影响深远。

当然我认为自己很有必要在此说清楚：为什么很多父母知道不该让这么大的孩子依赖上电子产品但就是执行不了，还堂而皇之地说，孩子就是管不住自己，怎么说都没有用！那是因为父母自己没有下定决心付诸行动。仅仅是靠言语的禁止和孩子的自律，对于一两岁的孩子是毫无作用的。如果成人自己不调整相应的家庭环境以及控制自身使用频率，对孩子的约束也是无济于事的。比如有的家庭，一边不想让过小的婴幼儿看电视，一边在客厅随时播放着电视，这是一件很矛盾的事情。"言传不如身教，身教不如境教（环境教育）。"

其次，有约定地限制性使用电子产品，3岁以后，约定式使用。这个阶段的孩子相对3岁之前有了一定的自控力，所以这个时期我们会适当让孩子限时使用电视、手机。限制节点一般是选择集数而不是时间。单纯按照时间，没人喜欢在中途兴奋的时候被强行打断。每次帮助或者提醒孩子履行约定的时候，成人一定要保持和善而坚定的态度。孩子哭闹几次是在所难免的，但是你的态度很重要，必须从第一次执行就很坚定，让孩子试探几次后自然接受。在你的坚持和鼓励下，慢慢地，小朋友们还会为自己遵守约定而感到自豪。至于约定的时间和方式，成人应该跟随孩子的成长而灵活调整。

上小学之后，建议以周为周期与孩子约定使用时间。比如每周六或者每周日当中的某段时间来使用电子产品，但无论如何要留出一天来参与家庭活动。

真理不会过时，但是方法和技巧会过时，随着时代的发展，也许这些太具体的措施都会慢慢过时，所以希望父母在教育问题上一定要注重原理，看问题的本质，而不要太过于依赖技巧。

独　　立

2014 年 5 月 17 日

身为妈妈的我最近醋意有点浓。一心想把孩子培养得很独立，可是当他才 1 岁 9 个月就能"抛下"妈妈开始想去"闯世界"的时候，我又有点不习惯了。

大概从上个月开始他就想到处去逛，对外面的世界充满了信任和好奇，跟谁都能走，他的这种独立让我欣慰之余又平添了几多忧思，我开始酝酿着要给他强化安全意识了。

今天他的小姨要带他出去跟朋友一起吃饭，小伙子很高兴，一声就应下了，马上冲到自己的小房间准备起来：小背包、小玩具……正要出门看见我有点失落，他反倒转过身来安慰我说："妈妈，你一个人在家要乖乖的哦。"我没应声，那句"你还是不要去了"几次到嘴边又被咽了回去。他看我没应声，就跟小姨说："等我一下。"然后跑到我身边抱了抱我，拍拍我以表"安慰"。就这样看着他小小的身影离开了家，我心里不由得感叹起来：反了，反了，也太早熟了吧?!

当然我担心的不是今天的事，小姨是自家人，他俩感情本来就很好。让我有点犹豫的原因是最近他一直这样，我这为娘的心里积攒了一些小意见。邻居叫他，他

> 同意；小朋友家长约他，他也同意；带他去哪里玩，他也很能"甩得下"我。虽然都会程序化地"征求"一下我的意见"妈妈，我可以去那里吗"，但其实我知道他渴望的是什么。
>
> 他的心理独立来自他对我和他爸的信任。至少到目前为止，我们从来没有让他"操心"过，他的父母就像两个永不消失的卫兵一样给了他十足的安全感，所以他可以自由地"闯世界"。

独立可分为人格上的独立、精神上的独立、生活上的独立。孩子生活上的独立相对其他两方面较容易培养。只要父母有准备地放手，让孩子实现他的自助式成长，通过有目的的工作练习便可达到，总的来说属于外在活动的层面。真正有挑战难度的其实是人格和精神上的独立，因为一切都进行得太隐秘，属于内在的层面。比如，父母平时可能并不会太在意让孩子做选择是在训练他的独立能力，为他准备一个小脚凳以便他自己洗手，准备一张小床让其独自入睡，这些都关系到孩子人格的独立。

内外两个层面并不是分离的，而是有很紧密的关联。比如一个能够独立选择工作、独立完成工作的孩子，他们锻炼的不仅仅是生活上的独立，精神和人格上的独立也在随着他工作的进展而得到发展和完善。

最容易被父母忽视的就是和孩子相处的无数个日日夜夜，大人的行为、语言、心态无时无刻不在影响着孩子。当孩子出现问题的时候，比如懦弱、被动、没有主见、依赖、随波逐流等，父母都很着急，恨铁不成钢不说，还一心想在孩子身上找原因。殊不知"冰冻三尺，非一日之寒"，孩子的今天都是昨天他所经历的点点滴滴的总和。正如蒙台梭利所说："我们对儿童所做的一切都会开花结果！"

下面这些对话也许你再熟悉不过了，它们有什么问题吗？

"行""不行"

"妈妈，我想去上厕所。""行，去吧！"

"妈妈，我要去睡觉了。""行，去吧！"

"妈妈，我还不想睡觉。""不行，现在该睡觉了！"

"妈妈，我要晚一点写作业。""不行！要先写作业！"

……

仔细一看，以上哪一件不是孩子自己的事呢？上不上厕所、睡不睡觉、做不做作业不都应该是他自己决定的事吗？可是成人的回答充满了主权性。同意或不同意都在暗示孩子：你的事得由我来决定。

请父母不要什么都以"批准人"的身份对待孩子！如果孩子从小就得不到自主意识的锻炼，那么他们的"被批准"思维就会渗透到生活的各个领域，固化并剥夺其独立思维的成长。

选择是一种不错的独立训练

"你去找鹏鹏玩吧。"

"我不去，我想跟淘淘玩。"

"淘淘有什么好，全身烂脾气，以后不准跟他玩了。"

"我给你报了书法班，是一个非常厉害的老师上课。"

"我不喜欢书法。"

"书法对你的学习有很多好处，反正不去也得去，学费我都已经交了。"

"鞋子我来帮你脱吧，等你自己脱，要等到什么时候。"

"吃完饭快写作业，写完作业到楼下运动半小时，运动回来看半小时书再上床睡觉。"

……

为什么不让孩子从小就练习选择呢？还是我们怕让孩子选择？你都不发自内心把自己的孩子当独立的人看待，还指望世界如何看待他？

不要以为被包办、被安排就是幸福的象征，其实那些被包办的孩子内心并不一定就是幸福的。越是依赖什么，就越容易被什么牵制。被包办的孩子永远都没有办法做自由的小鸟，而只能做在天空飘荡的风筝。有线拴着不自在，但放开线又飞不起来，因为他没有真正的翅膀。被包办的孩子一般也不会十分感激和孝敬无原则照料自己的父母，因为这违反了大自然优化繁衍的规则，最终承受的也将是反规律的结局，孩子对父母的怨超出了对父母的爱。

当一个人有了选择的权利，也有了选择的能力，那么他的精神就不会依附于他人，不会被他人轻易左右。他知道自己要什么，也知道自己该怎么做，不会随波逐流。

有限的选择

其实父母不用太担心给了孩子选择的权利局面就会失控，失控在于我们还不太懂得如何让孩子选择。你问他："你想什么时候走？你想做什么？你洗不洗碗？"问询的结果注定是失败的。而你问："你是现在走还是五分钟以后走？你是想画画还是想玩橡皮泥？你是一个人洗碗还是我和你一起洗？"那么情况就会完全不同了。

放射性的选择是毫无边界的，会令孩子为难而回避选择；命令会让孩子逆反，还不能锻炼他的独立性；有限的选择会有效帮助孩子建立目标，而且神奇的是他自己做出的选择自己更容易配合。

别误解了蒙台梭利的"自由"

2018 年 6 月 22 日

儿子睡前因为要破坏规则和爸爸闹了点不愉快，我这个"家庭万金油"不得不出面调解。

儿子："妈妈，我觉得你们这里规则太严了，就像石头一样硬，我都有点受不了了，我不想待在这里了。"

我表情很认真，手放在胸口表示伤心："妈妈听你这么说，心里好难受啊！首先，你说的'你们这里'是指我们家，就是你自己的家吗？"

儿子："嗯，是的。"

我："第一，我只想确认你是否明白，这也是你的家。你是我们这个家的重要成员，是不能缺少的一个，所以当我听到你说'你们这里'的时候，我心里很难过。"

儿子："嗯，我们是一家人，这我知道。"

我："第二，你说你不想待在这里了，我虽然更难受，但也不能强迫你。你觉得哪里好呢？"

儿子："我知道自己家最好，但就是觉得规则太严了。"

我："妈妈刚好要说的第三点就是这个。这样吧，我也不知道该怎么说，也许站在你的角度可能真的不希望有规则，那么现在我们来玩个游戏，你演爸爸，我演你的孩子。"

接下来，儿子虽然没有像平常玩角色扮演游戏那样带劲儿，但也被我突如其来的扮演吸引了，他在认真看。

我演一个无规则、无限制、各种胡搅蛮缠的孩子："爸爸，我不睡觉，现在你带我去游乐场吧！"

孩子本能地回答道："现在是晚上，游乐场早就关门了。"

"我不！我不嘛！我就是要现在去，你赶快带我去。"

……

就这样，我演得非常投入。儿子居然突然对我说："妈妈，还是别演了。看来没有规则是不行的，这有点乱套，我都不知道该怎么演了。"

后来我们平和地聊了一会儿，之前的事他就没再提了。到了快入睡之前，他翻了个身凑到我耳边说："妈妈，有件事我必须跟你说，今晚是我不对，家庭有规则是对的。能不能明天周末破例一次，以后就都按照规则来。"

"想睡才睡"——睡觉规则

想必大家还想知道日记后续：我答应儿子了吗？

其实，我的孩子最终会理解和接受我的开导，这一点倒不意外，同理心的培养在我们家已经由来已久，但是当他突然又发出一个请求，确实没在我的预料之内，一下子也不知道该怎么回答他时，我就说："谢谢你能理解规则，也愿意诚恳道歉，只是关于你最后的那个请求，请给我点时间想想，好吗？"结果就是，还没有等我最后的回答，他就已经进入梦乡了，毕竟他的睡眠生物钟已经到了。

孩子这么一闹，还真引起了我对睡觉这条规则的思考。后来我将睡觉规则改进为：为了保证次日上学早起，周日至周四最晚 9 点上床睡觉（我们南方天黑得晚，晚饭也吃得晚一些），周五和周六的晚上每个人自我管理，想什么时候睡就什么时候睡。之前是一条规则通用 7 天，没有弹性。

尽一切可能减少人为管理的痕迹一直是我们家庭的教育风格。说是减少管理痕迹，其实也是为了减少亲子摩擦成本，我们更愿意花精力去改进规则，用规则去"管理人"，而不是"人管人"。我希望一直保持儿子的自律性，同时让其心理不要留下阴影。

人会愿意遵守什么样的规则呢？当然是合理又人性化的规则，所以我会随时留意规则的合理性。我们不会像监工一样去监督孩子，让孩子没有尊严也不能自律。周末自由时间的开放，让人一周整体看起来状态更加张弛有度。这对一个完全能够日常生活自理的 6 岁孩子来说，是一件很开心的事情。从那以后，他很享受自己的周末时光，从而发自内心地更愿意去自我约束平常的作息时间。

"水至清则无鱼"，人并不能在绝对的真空里生存，没有绝对理想的完美个人，所以当我们在制定规则的时候，应该给孩子留有适当的弹性空间，弦绷得太紧容易断裂。

后来，到了周末我们一家三口真的做到了自我管理，互不干涉。我和他爸就像隐形了一样，没人唠唠叨叨提醒他时间，也没人提醒他该做什么。当他完全自由了，反倒更加自律了。他看到爸爸妈妈都准备去睡了，他也不会一个人在客厅或者工作间玩太久，基本都是紧跟其后就去睡了。除非是有其中一个大人特别享受周末时光，迟迟不去睡，才会带动孩子也跟着磨时间。很多人看到这里，心里会有疑问：孩子通宵打游戏怎么办？

这又涉及我们家的另一个话题了。我家里没有电视，目前也没有任何游戏软件（根据孩子的年龄日后可能会有调整）。人手一台电脑是我们用来工作和孩子学英语、看片子、电脑画图的，使用电脑和手机有另外的规则。

当在孩子还不能完全自理或者还不愿意自己单独洗漱的时候（5 岁之

前），我们也不会每天晚上消耗大量的精力因叫他洗漱而拉锯不止，而是用规则办事。那会儿，我发现孩子一旦玩得晚了，就很难自觉去洗漱。一是孩子困了，二是他毫无动力。于是在他那个阶段，家庭的规则是吃完晚饭散步回来后，进家第一件事就是先洗漱（在孩子还充满活力的时候完成洗漱），然后他就可以毫无负担、轻轻松松玩自己的了，到睡觉时间只要洗洗手，舒爽地躺床上就可以了。这给孩子一种错觉，就是不用再在睡觉前去做那些他讨厌的事情。他们的情绪也会很稳定。到孩子的约束力和自制力都强起来时，就不一定再这样做了。

至于睡前故事我们也是用规则让孩子自己管理：8点30分上床可以有足够的时间讲两个故事，9点上床一个故事，9点过后上床没有故事。前面日记里记录到的就是孩子上床时间晚了想要赖的事。有了这个规则，长期以来我们一家人都心照不宣默默顺利执行了很久，孩子心里很清楚自己应该怎么做。而那天他的反抗，正好提醒了我们，孩子长大了，规则要"跟随孩子"而调整了。其实，还是我的观察和反应没及时跟上孩子成长的节奏。

我知道很多家长为睡前故事伤透了脑筋，每晚跟孩子斗智斗勇。你没有规则在先，自然就是和孩子硬碰硬。他听完一个还想再听一个，你讲完一遍再讲一遍，你都已经快讲睡着了，可孩子还纠缠着你坐起来再给他讲。每天作息毫无规律，谁也休息不好，而规则可以让你和孩子都得到解放。刚开始执行的时候，孩子还不知道你是不是玩真的，可能会试探几次你的原则底线，哭闹几次都很正常，大人只要温柔而坚定地坚持一小段时间以后，孩子就心领神会了。他想听几个故事取决于他几点上床，而不是谁和谁战斗赢了听谁的。这样，生活不就慢慢有规律起来了吗？

不做手机的"奴隶"——电子产品使用规则

首先我们应告诉孩子,电子产品(手机、电脑等)是人制造出来的,是用于服务人的,人不是它的奴隶,如果开始感觉自己已经离不开它了,就要提醒自己有被"奴化"的危险,自己将开始不再自由,应该马上停下来。等自己做好准备想不玩就可以不玩的时候,就说明自己自由了,可以去驾驭它了。

不管孩子能理解多少,从一开始我们就把这个理念告诉他,所以当他5岁时有一段时间迷恋一部动画片,一天之内他多次想去看它,还想打破规则,那时,我并没有阻止他(阻止会让孩子更想看)而是提醒他说:"最近你是不是感觉到自己有点离不开那部动画片了?"

他完全明白我的意思,有点故作镇定地说:"我才不做它的奴隶,我一个星期不看都没问题。"后来,他真的一个星期没去开过一次电脑。

孩子2岁以后看动画片是以集数来制定规则的,比如每次看几集(以片子的长短而定,一般总时长不超过20分钟),一天看一次,后来可以慢慢增加。但是因为我们家里没有电视,电脑用起来又不怎么顺手,加之家里有很多"工作"吸引着他,所以一般好几天甚至几个星期他才会想起来看一次。

长期的坚持,效果非常明显。孩子守时已经形成一种习惯,自己在说好的时间自觉关闭电脑。电脑的使用范围也从原来的只是看动画片扩展到用电脑绘画、学英语等。

现在的家庭人手一台电脑是很正常的事,做好管理是非常有必要的。每个人的电脑应该放在公共空间,在公开的环境下使用,大家晚上睡觉不带手机进卧室。在公共领域使用电子产品,无关乎隐私问题,如果是正大光明地使用何须躲躲藏藏？家长有监护未成年人的责任！现在的孩子面临的不是过去在院子里长大的年代了，他们是在网络里、在充满诱惑的花花世界里成长的一代。父母除了要以身作则，还要尽量创造能协助孩子健康成长的家庭环境，早日实现孩子的自我发展和自我管理。

"我想自己买东西"——财务管理规则

好品质不是父母嘴上说说就可以被孩子内化的，而是透过生活中的点点滴滴渗透进去的，是孩子从成就体验中获得的。就拿一个小小的财务管理来说，很多人没有这方面的意识，孩子很大了还跟父母"例行要钱"。

为什么一定要让孩子从小就追在你后面要这要那呢？仿佛要得到你的"施舍"，孩子才可以拥有财务管理权？"会要钱"和"会用钱"，哪个更让人有尊严感呢？

为什么不让孩子从小就学习自己管理财务，像个有尊严、有头脑的小大人一样，自己决定可以买什么不可以买什么，可以要什么不可以要什么呢？

教会孩子进行财务管理是你的功课之一。

- 为孩子准备一个存钱罐。从孩子能认识简单的钱币（3岁左右）开始，就可以让他体验自己用钱。这个时候他只会简单地数数还不会计算，体验重在锻炼孩子的意识和感受生活数学。购买物品时让孩子先问价，然后让他找到对应数量的钱币进行交易，大人全程陪同。
- 当孩子有了简单的计算能力（5岁左右），开始和孩子协商制订理财计划。

我家门口杂货店的老板娘，经常跟人津津乐道地讲起我儿子在她家买东西的各种经历，她算一个资深见证人吧！每次她收我儿子的钱都是一大把 1 角钱硬币，数都要数上好一阵儿，这能不印象深刻吗？有一次我从她的店铺经过，她正好在跟她的儿媳妇讲我儿子的事。看见我走过来，她还特意让儿媳妇认识了我，"那个小男孩的妈妈"。那次的经历是这样的：

儿子（4 岁多）要买一张 5 块钱的小拼图。那时他有的都是些硬币。他可以自由支配自己存的钱，但前提是要学会自己数钱再去购买，那是我在训练他十进制记数法的阶段。一切都像往常一样，他事先在家把钱数好，然后到店里付钱时，又要给老板娘清清楚楚数一遍，确保数字无误。因为我告诉他人家很忙，没空数那么多零钱，要买的话必须自己数钱。当数到最后发现只有 48 个 1 角钱时，他自己很遗憾地说："还差 2 角。"这时候老板娘很自然地解围道："没事的，没事的，拼图你拿去吧。"儿子看看我，我说："你说该怎么办呢？"他居然深深吸了口气站起来说："我回去把钱数够了再来。"然后，他就真的拉着我回家拿钱去了。他这个举动让老板娘对他更加印象深刻了。从那天起，他数钱更认真了，也没再拿错过。

孩子可以自己决定买什么，是因为我们提前与他有约定：一年之中有四个节日我们会固定买礼物给他，礼物由他定；其他日常的小购物，比如想买点小零食、小玩具等，这些就由他用自己的钱计划着购买，我们不予干涉，孩子也不用来问我们的意见。（我们家约定的四个节日分别是：生日、春节、圣诞节、六一儿童节。各位家长可以根据当地的文化习俗和实际情况酌情约定。）

他的自由空间很大，但想保证一年四季都有钱用，就必须学会事先规划和节制。一开始孩子没有经验，可能几个星期很快就把钱用完了，对此我们也不干预，因为他必须体验没有计划的自然后果，否则他怎么会知道计划的重要性呢？平常他没钱用了，不管再要什么，我们都会很平静地告诉他："好的，知道了，我帮你记录下来，作为下一个节日礼物的备选。"有了这个体验，孩子越发深切地体会到：很多当时很冲动想要买的东西，其实不一定是自己最想要的。

有一年他在生日之前的两个月里，攒了四五个备选礼物，一会儿是这个，一会儿是那个。不管他说要什么我都不反对，只会如实告诉他，我帮他记录下来，因为我相信真到生日那天，他会做出最优化的选择。果真到了那天，曾经那些瞬间令他心驰神往的东西，并不一定是他最终的选择。以下是一次特别的经历：

儿子（6岁）在一家商店看上了一个夜光小人，但是我们事先并没有这项购买计划，他拿着小人左看右看终于还是开口了。我听后问他："多少钱呢？"他说："44元。"发自内心而言，我真觉得价格不合适，但还是没有发表我的意见，不想挑起他的情绪。于是接着说："最近的一个礼物日是圣诞节，你是希望这个圣诞节妈妈送这个礼物吗？"他回答不是，是现在要。我说："哦，我知道了，你是想用自己的零花钱买。44元，那我们来算算，按照你自己制订的每周5元的开支计划，你需要攒多少个星期就可以买到它了？"当算出来需要9个星期的时候，他自己说："还是挺贵的嘛，不过我还是很想买。""好的，回去我们就在你的日历本上记好日期，从今天起第9个周六就可以过来买它了。"

不管孩子的思维怎么绕，父母一定要保持清醒换着法儿地只谈规则，确保把孩子的思路引到他该思考的问题上去，不要直接回应孩子"应该不应该""好与不好"的问题。你没有原则，就不能帮助孩子建立自己的原则。

让孩子牢牢记住规则，他就不会随时跟在我们后面"要钱"。

我承认，当时自己这么镇定地跟他"算账"是因为我以为这次也一样，没过几天他就会改变主意了，只要帮助他从当时的即时兴趣里走出来就可以了。结果意外的是，他这次竟然表现出了自己超强的毅力，认认真真一直把钱攒到了约定买它的那天。

这件事对我、对他自己都是历史性的。事态很明显，6岁的他已经进入另一个相对幼儿更成熟和平稳的心智阶段了，我要及时调整自己的育儿方针。他则收获更大。他经受住了毅力的挑战，这犹如一次超长的专注体验，其收获是令人惊叹的。非凡的难度会带来非凡的体验，他在买到夜光小人的那一刻深刻感受到非同一般的满足感，是自己给自己的满足感。从此，他又增强了自己的信心，觉得可以做的事情更多了。

他的钱从哪里来？有两个途径：一个是自己挣来的钱，另一个是压岁钱。

孩子如何挣钱？我相信父母都会想出让孩子体验挣钱的机会（不包括做家务）。我儿子是在我们自己的蒙氏儿童之家帮忙就有机会获得酬劳，比如，他做我的小助教给父母做工作示范（教具操作），下课后帮老师一起打扫教室卫生，帮忙做活动等。一个家长学员是做手工坊的，她也给自己的孩子提供"打工"的机会。

压岁钱怎么花？对于中国孩子来说，每逢春节都是"入账"的高峰期。几乎每个孩子都会得到一笔或多或少的财富——压岁钱。这是一个让孩子学习做财务规划最好的时机。我家儿子是从5岁才开始正式做规划的，因为4岁的时候他对比例还不是很有概念。

我们以正式的家庭会议的形式来进行财务规划。大人负责提供财务规划的框架和说明，孩子负责具体分配，最后的结论是把压岁钱分配为：用于学习的开支占50%（孩子可自由支配的买书、文具等的学习开支，不包括学费）；储蓄基金占30%；零花钱占10%；奉献金占10%（公益开支）。

各位家长根据自身当年的总金额酌情分配。

由此，孩子全年的零花钱就出来了，有了它，我们就跟孩子约定：他平常想买什么小东西，就不用再跟我们要钱了，自己做选择和计算。

接下来就是，对照日历表，我们协助孩子平均分配每周的零花钱。因为只有这样才能保证他全年都有钱支配。这个量化工作会有效帮助孩子把复杂的问题简单化，清楚明了自己的界限。至于真正执行起来，若他要1周就花掉2周的钱，那是他的自由，只是我们会提醒他记录时间（要隔1周再使用零花钱）。有一次，我儿子一次性买了20块钱的东西，就很自觉地隔了4周才买新的东西。而有时他几周都没有什么开支项目，就自然而然存下了一些钱。当他发现不用钱会让钱越攒越多时，就开始有意识地控制起自己来。

没有只会犯错的孩子，只是父母还不够用心、不够信任，才会让孩子错误百出。

也许你会好奇这个章节不是要说"自由"吗？怎么以上看到的全是"规则"！蒙台梭利不是说要给孩子最大限度的自由吗？为什么孩子还需要规则？

我先说明，以上我所提到的规则就是为了让孩子得到自由，没有规则的家庭在以上列举的几个问题上都是混乱而令人困扰的，难道不是吗？

过度严厉让一个孩子的心理扭曲，也会让他们的发展受限，但是过度自由会让他们陷入危险之中。

自由与规则是互为辩证式的存在。两者似乎矛盾，但又相互依存。如果这个观点让你暂时找不到方向也是正常的。因为曾经蒙氏教育刚被引进美国的时候，崇尚自由的美国人说，那位意大利女博士的教育规则太严了，孩子们在教室里有很多规则和限制，致使蒙氏教育被一部分美国人所排斥；曾经蒙氏教育刚传入中国的时候，一些保守的中国人说蒙氏教育太自由了，孩子们在教室里想做什么就做什么而质疑这种教育理念。同一种教育方法浅浅接触，不同文化背景的人得出不同的结论，这是怎么回事？

问题就在于看没看懂现象背后的本质。看懂了蒙氏教育里的自由与规则，你就找到了蒙台梭利最具哲学思想的"触点"——真正的自律从自由中来。很多初学者不容易拿捏这个尺寸。而如今，无论是美国还是中国早已敞开了怀抱，拥抱蒙氏教育，尤其是美国还成为全球蒙氏教育推动较有力的国家。我们来看两组对比：

A家庭"奉行自由"，所以父母从不给孩子事先划定界限，他们认为这样是在约束孩子。

- 孩子对涂鸦感兴趣，拿起笔就往墙上画，妈妈看见急了，跑过去抓住孩子的手，警告他不能在墙上画画。没过两天，下一个涂鸦地点变成了沙发，妈妈和孩子又是一场激战。

- 孩子喜欢这边玩玩那边玩玩，当妈妈看见地板、沙发、桌子上都是玩具便急了，要求孩子把玩具收拾一下，可是孩子根本就不想收，妈妈强忍怒气帮忙收完了。第二天、第三天此情此景继续上演，妈妈发飙了，发话"禁玩玩具"三天，孩子以后再不收玩具就没收。

- 孩子见到哪个小朋友的东西好玩，就上去抢，抢坏了东西，打伤了小朋友，被对方的家长狠狠批评了一顿不说，妈妈还得支付经济赔偿。因为经常惹事，妈妈只有暂时禁止他跟小朋友玩耍；在幼儿园也发生了同样的事，毫无悬念，他也被老师罚停了很多活动。

○ 孩子后来走向了另一个极端，凡事都要"请求批准"：妈妈，我可以玩我的小熊吗？妈妈，我可以听故事吗？妈妈，我可以把红色和黄色的颜料混合在一起吗？……

B家庭也奉行自由，但父母凡事会先让孩子明白界限，他们希望孩子知道自己可以做什么、不可以做什么，这样他就是安全自由的。

○ 孩子开始拿起笔探索的时候，妈妈就意识到她准备的彩笔和画纸将要派上用场了，于是引导孩子在纸上"工作"，纸张是他涂鸦的第一个小界限。当观察到孩子已经有点不满足于纸张的时候，妈妈专门为孩子在墙上布置出了一片边界明显的涂鸦贴纸墙，明确告诉孩子哪里是可以画的，其余地方都是不可以画的。孩子非常享受他的自由小天地，在他的画墙上，他是那里的主人，可以让小脑袋里的缤纷世界在那里自由驰骋。

○ 孩子的玩具都是事先被有规则地摆在开放式玩具架上的，他想玩什么可以自由去取，不用询问任何人的意见。只是当他要第二样玩具的时候，妈妈会告诉他，把之前的玩具放回去后再取新的，一次只取一样。所以孩子玩一天下来，家里原来什么样儿后来还什么样儿，玩具都被归到了原来的架子上。

○ 孩子喜欢别人的玩具这很正常，妈妈每次带他出去玩之前，会告诉孩子交换物品的原则，并且和孩子玩角色扮演亲自做示范。到了真实的环境里，如果孩子又想要别人的东西，又不愿意用自己的东西交换，妈妈就会让他做选择练习。孩子慢慢就清楚了自己该怎么做。

○ 界限在孩子的心中，他不用事事去问大人自己可以做什么、不可以做什么，他看起来完全就像一个自己的主人。不去碰边界，就永远像没有边界，人很自由。

如果你是孩子，你愿意要以上哪个家庭给你的"自由"？

答案非常明显，A家庭标榜"自由"，但是身处其中的孩子处处不自由，因为没有提前设定界限，他四处碰壁，最终反倒变成没有自由的人。而B家庭的孩子，表面看起来他有些规则要去遵守，但是最后所有的规则都成了对他的保护，他可以在遵循规则的前提下想做什么就做什么。

人人都知道这个世界本来就没有绝对的自由。蒙台梭利所说的自由，远非孩子遵守人为制定的规则后所得到的自由，她真正追求的是来自生命自然之律的自由。简单说就是孩子在自由活动中自己发现的"律"、自己体验总结出来的"律"，一旦得到并遵守这个生命的"律"，他们就是真正的自由人了。

这就好比，我们大多数人其实并没有真正地学过法律，也没有几个人能完全背得出来自己国家的法律细则，但是这并不意味着你就会犯法。多数人一生都过完了，未见法律对他有多少约束，这种自由是他身体里面的生命之律给他的，他仿佛天然就知道自己不能做什么。

自由的三大原则

孩子在工作的时候只要做到"不破坏环境、不伤害他人、不伤害自己"，其余一切自由。这就是大家熟知的蒙氏三原则。

蒙台梭利是怎么做到让每个班从3～6岁的孩子，一共二三十人的教室井然有序，大家相安无事地自由工作的呢？

在传统教室里，老师硬性要求孩子排排坐、手放平、不准说话、不准乱动，那么教室里安安静静，孩子行为整齐划一，这是很容易理解的。但是在蒙氏教室里，一群孩子想做什么工作就做什么工作，想坐着就坐着，想趴着就趴着，想跪着就跪着，还可以自由走动和交谈，从整体看上去依然是井井有条的，是不是很令人费解呢？

其中的奥秘就在于蒙台梭利善用"自由"，合理的自由让孩子变得更加自律。她高明的地方就是不需要成人来做"恶人"，只要给孩子适合他们的工作机会，把孩子的心理和人格培养正常了，纪律的曙光就自然呈现了。

具体来说就是在有准备的环境下，让孩子自主地选择活动和工作，并且在孩子练习和探索的过程中尽量让孩子独立操作，不进行过多的干涉。在这样的引导下，我们渐渐能感觉到孩子们拥有向外扩展的个性，他们做事积极主动，自主选择想要做的事并能坚持做下来。成人最好在相对合适的位置，静观其变。请耐心等待孩子的摸索，随时做好准备分享孩子传递出来的快乐，并分担他们可能会遇到的困难。当孩子需要我们的帮助时，请积极热情地回应他们。如果孩子进度比较缓慢，我们也要保持最大的耐心期待他们的进步，并对他们的成功给予最热烈的回应，对他们的失败给以最真诚的鼓励。当孩子们享受到自由，他们最渴望的东西就不再是自由，而是秩序和纪律，他们会发自内心地发现，纪律能保障他们的活动顺利进行。

蒙台梭利的观察教学法建立在孩子自由的基础上，所有的纪律必须通过自由来实现。如果缺少了纪律，首先可能是因为缺少自由。

请开放你家的零食箱

在生活中父母可能会烦恼的还有一件事，那就是孩子吃零食的问题。

为了控制孩子不乱吃零食，父母费尽心思一会儿把零食藏这儿，一会儿藏那儿。父母越藏，孩子越像个高明的侦探；父母越躲躲闪闪，孩子越来劲儿，见到一点零食就吃个没完。在这个问题上，就算你跟孩子制定规则也是无济于事的，孩子对零食的"渴望"依然强烈。

每个家庭除主食、水果以外，或多或少都会有一些零食。为了不让孩子吃太多糖果、饼干、巧克力等，父母就把零食藏起来采取适时适量供应的方式，但是这根本满足不了孩子。

我们家开放零食箱是在孩子会财物自理之前，开放效果显著，而且孩子也显得坦荡大方多了。过去拿出一包糖果来，只要大人不注意，孩子一次可以吃掉大半包，而且有时还悄悄吃。当后来我反其道而行之，开放了零食箱，他的零食用度完全自由了以后，开始他兴奋了几天，狂吃不止，很快狂吃零食再也不是他渴求的事情了，反正天天都看得见零食。比如，以前只要一拿出来就可以被吃个精光的零食，后来天天放在桌子上近一个月，孩子都有可能不去碰它，因为他的"恐慌"被消除了。自由给他带来自尊的同时，还给他带来了自律。只有一种情况需要大人事先给予约定，那就是饭前和睡前孩子不能吃零食。当孩子真的自由时，其实并没有我们想象得那么渴望零食。后来，当他财物自理了，他更喜欢自主购买东西，家里的零食早已不再吸引他了。

我们每个人都是从孩童长大而来的，可以说都是过来人，可是没有几个所谓的过来人真正理解"正在路上的人"。这个世界的一切对于孩子来说都是新鲜的，你已经知道的，他并不知道，所以你不想干的事情，他们也许还正想干呢！孩子不需要你的经验，需要的是他自己的经验，所以说教、命令对于越小的孩子越不管用。他需要的是自己探索，利用感官知觉来填充自己的知识库。孩子在肌肉方面的训练胜于一切，就是因为他需要肌肉记忆和协调的帮助。可见，孩子真正的老师是他自己，这是生命的神奇。孩子年龄越小，越受这个天然导师的支配，所以用蒙台梭利的话来说就是，请成人不要太自作多情。有几个成人还能听得到自己内心的声音？孩子就可以，所以该学习的是成人。

 温馨贴

◎ 父母可提前告知孩子规则，准备好孩子可活动工作的环境和材料后，充分放手，只在孩子需要的时候出现。

◎ 恰当的规则可以最大化地帮助孩子实现自由，但也不是规则越多越好。当"规"则"规"，当放则放，这才能称得上真正意义上的教育。

"尊重孩子"最简单的方法

2017 年 12 月 15 日

在一岁多时，儿子有过一次看病被实习医生"压舌"的不适体验，直到现在他都严重排斥压舌棒。今天算是一个转折点。

一开始他说什么都不肯让医生用压舌棒查看咽喉，紧咬着嘴唇不松开。眼看后面还排着长队，医生怒了，指使我和孩子爸爸按住孩子，想来"硬"的。我们不肯，医生只有放弃，让我们先到一边去。

情急之下，我向医生要了一根压舌棒，就带着孩子到门口的长凳上坐下。我把被他一直视作排斥物的压舌棒给了他，他拿着看来看去，耍来耍去，整个人放松了许多，我趁机凑上去说："就是一根冰棍棒，对不对？你觉得可怕吗？"他摇摇头说："不可怕！"我接着说："来，你现在把他放到自己嘴里压住舌头试试。"这下他来劲儿了，放进去拿出来放进去拿出来。我问他怎么样，他说不疼，我又告诉他："其实医生的动作比你还快，压一秒钟很快就抽出来了。"说完我演示医生的做法，让他感受了一次，他还主动说："你压得太轻了，一点都不疼。"

就这样，他做好了心理的调试准备，像个胸有成竹的勇士走到医生面前说："医生，我准备好了。"医生估计还没见过我们这种"不配合"她镇压孩子的父母和会回来"主动请战"的孩子，"稀奇"两个字完全写在了她的脸上。

结果令孩子十分得意，他有了心理预期后完全和之前判若两人，而医生的手法也扎实娴熟，过后儿子还惊奇地问："这就完了？"

……

从医院一路回来，孩子都为今天自己的"壮举"而深感自豪，几乎忘了自己还在发着烧！

如何尊重孩子

孩子是尚未成熟的初果，他们的宝贵价值往往会遭到成人的忽视。且不说父母不知道孩子需要得到尊重，就算知道孩子需要尊重，又有几人能做到尊重孩子呢？从父母们反馈回来的情况看，都说"太难了"。的确，在我们的传统文化中，要真正尊重一个孩子是很不容易的。

从古至今，人们都在灌输孩子要"尊重长辈""尊重老师"，却鲜少听说要"尊重孩童"。如果孩子从小自己的生活经历和人格体验中都从未得到过尊重，只是在被管教、被要求和被摆布中长大的，那么他们的人生字典里"尊重"这两个字是不会生根发芽的。就算孩子迫于规矩，表面给老师敬个礼，给长辈鞠个躬也只是外在行为，他们的血液里缺少尊重的"基因"。

其实，父母的心里别提有多爱孩子了，只是当他们通过语言表达出来时，怎么听怎么不像"爱"，字里行间透露最多的是担心和控制，而担心和控制都来自害怕。公平来讲，父母自己也没有在受尊重的文化中成长过。

父母可以这边对着一个成人彬彬有礼，转过头去就对着一个孩子大呼小叫；可以对着一个不小心打碎杯子的客人说"没关系，没关系"，转过头去就对着同样不小心打碎碗的孩子说"你看你干的好事"；可以跟客人说"喜欢吃什么就吃什么，能吃多少就吃多少"，转过头却对孩子说"你必须把这些饭吃完，不准挑食"……

再来看看以下这两组有意思的对话，也许旁观者看得会更清楚。A组是孩子和妈妈的对话，B组是朋友和妈妈的对话。

A："妈妈，我不喜欢这件红色的衣服，我要穿蓝色的那件。"

"不行，让你穿什么就穿什么，两件要换着点穿。"

B："我不是很喜欢红色的衣服，买来也很少穿。"

"这没什么，不喜欢就别强求自己。"

A："妈妈，我吃饱了！"

"不行，不准剩饭，必须吃完。"

B："今天一点儿胃口都没有，估计这些饭是吃不完了。"

"没事，没事，谁都会有没胃口的时候。"

A："妈妈，我还不想睡觉，我还要再看一本绘本。"

"不行，现在就必须睡觉。"

B："我还一点儿睡意都没有。"

"看会儿书吧，也许那样会好一点。"

这再明显不过了，从语言上孩子就能感受出"不平等"，也在被暗示"你不值得被尊重"或者"你不需要得到尊重"。没有尊贵感是许多孩子说不出来但又隐藏在潜意识里的消极因素，他们看起来对外界也是常常表现得鲁莽而不友善，对自己的父母同样蛮横无理，竭力争辩。

一个人被表扬可能会沾沾自喜、骄傲自大，但是如果被尊重就完全不一样了。被尊重是一种什么样的生命状态？

你会展现出更好的一面去配得上尊重！生命在不断的自我优化中成长。

当你不知道怎么尊重孩子的时候，想想自己会怎么对朋友说话，自己会怎么对尊重的人说话。

受到尊重的孩子自己也会很自重。

我们拒绝医生的强硬手法，选择尊重孩子，引导和帮助他做好心理准备，这只是生活中很平常的事件。可能有的家长就担心这样会不会惯坏了孩子，这种担心完全没有必要，尊重和放任是两个不同的概念。当你在尊重他时，他会感应并吸收这种生命之间信任的传递，而你若无原则地放任他，他同样能捕捉到你的教育漏洞。

我来举两个例子：孩子不穿你为他准备的衣服非要穿昨天的，在你说明理由后他仍然坚持。你说："我尊重你的决定，要穿什么衣服的确是你的自由，只是我必须说清楚今天的活动量会很大，如果一会儿你感觉到哪里不舒服就只能自己克服了，可以做到吗？"这是尊重。如果你说"真是拿你没办法，好吧好吧，随你，你爱穿什么穿什么"，这是放任。

同样是听了孩子的意见，但是你所传递出来的信息是不相同的。第一个场景中立场和尊重都传递得很清楚，孩子知道：妈妈同意我，不是要放任我想干什么就干什么，妈妈有自己的立场，她只是为了尊重我而已。第二个场景中孩子很容易就能感觉出来：妈妈是个没有立场的人，只要我坚持就一定能得逞，孩子并不能领会到你是在尊重他，而是认为你没有原则。

尊重虽然是一种内在的形式，但也必须配合语言的工作，所以你要坦诚地说出来。

我的孩子因为长期在家庭环境中耳濡目染，所以他很懂得善用自己的权利和自由，当有人强迫他做不想做的事情时，他会说："这是我的权利。"同时当我说"请你尊重妈妈的选择"时，他也会很识趣地适时停止。他在我们"蒙爱园"是出了名的"爱管事"，见有大人在指使孩子做事的时候，他那句经典的台词就会及时出场："你不要逼他，让他自己决定！"

如何期待就请如何对待

以下是两组假设出来的场景，为了便于对比，我们特意把父母的角色描述得极端一些：

A 爸爸说，他希望自己的孩子将来受人尊敬，可是前脚才说完，后脚看到孩子一身灰尘地回家时，立马指着孩子就说："你这没长耳朵的小兔崽子，叫你不要在地上玩，你偏要满地去玩。你看看你，全身脏兮兮的，还不赶快认错，然后给我乖乖去换洗干净！"

B 男孩说他将来想做一名将军，妈妈很高兴地附和说："有骨气！妈妈支持你！"晚上孩子做作业，写着写着就被窗外的蛐蛐声带走神了。眼睛时刻不忘盯着孩子写作业的妈妈，立刻走过去敲了男孩的脑袋："叫你做作业，老实点！"孩子说想去窗边看一眼，刚站起身来，妈妈来了一句严厉的"坐下"，孩子只得又乖乖坐下。

你希望孩子成为受人尊敬的人，可是你自己都不把他当成值得尊敬的人。你希望孩子成为将军，可是你自己都把他当成"士卒"，这怎么能让孩子相信自己可以做一名真正的将军呢？

这就是问题的所在——如果连你都不发自内心相信自己的孩子，谁会相信他？如果你都不看好自己的孩子，谁会看好他？

有一个男孩说他将来想当总统，他的妈妈发自内心地相信自己的儿子就是未来总统，她见人就说："我的儿子可以做到一切他想做的事。"结果这个男孩最终真的成了总统，他就是美国历史上第一位黑人总统——贝拉克·侯赛因·奥巴马。

还有一个男孩说他想到月亮上面去看看，他的妈妈没有在那个科技并不发达的年代讽刺儿子的奇思妙想，而是鼓励他去实现自己的梦想。十几年后，这个"男孩"真的成为人类第一个登上月球的宇航员，他就是美国的阿姆斯特朗。

父母如何看待自己的孩子深深影响着孩子的自我意识。从积极和消极这两个视角出发，妈妈在看待孩子上有如下不同。

积极的妈妈：真是不可思议，我的孩子竟然能说一个字了。

消极的妈妈：真是太气人了，我的孩子为什么还是只能说一个字。

积极的妈妈：谢谢你愿意克服困难送水给妈妈喝。

消极的妈妈：你看看你连杯水都拿不稳，还想管别人，练熟一点儿再说吧。

……

如果我们习惯了只看得到孩子不好的一面，而看不到他们好的一面，那么孩子也难以看到自己的优点和价值。每个人都只忙着去抓取自己没有的东西，那么可能连原有的东西都要失去。

 温馨贴

◎ 为了说服成人尊重儿童，蒙台梭利常常会从"产房分娩那一刻的婴儿"向人们说起。她让我们虚心观察每个新生命的到来过程，当医生、护士、母亲都不能为新生儿的分娩做什么的时候，是婴儿自己拼命、努力、主动来到这个人世的。当我们看到每个生命的初始都是那样坚强和不易，当我们感受到生命的伟大和神奇时，我们怎能不去发自内心地尊重那小小的人儿背后的努力。随着孩子一天天长大，他们更需要我们的尊重和理解：尊重他们成长的自然法则，尊重他们想成为自己的愿望，尊重他们的个性化发展。

◎ 他们有选择做什么的自由、不被打断的自由、不被强制安排的自由、独立思考的自由……

让孩子自己成熟

2018 年 8 月 30 日

坦白说我不喜欢给儿子上课，但又避不开。4 岁了，他还是不能在教室里把我暂时当成老师来看待，一直只愿意叫我妈妈，而且还会时不时地跑到我腿上坐着或者要我给他做示范（其实他已经会了，只是不想让我太关注别的孩子）。在混龄教育的环境里，他对低龄孩子的关心和照顾方面还有待加强。

从我的内心来讲，多么希望他给别的孩子做一个好的榜样，在这方面表现得成熟一点，但是当我认真跟他沟通过几次却收效甚微后，就放弃跟他讲道理了。我意识到自己正在犯一个想改造他的错误，想让他活出我期待的模样的错误。当他内心还没有真正做好准备的时候，我让他突然成熟起来是不太可能的，何况在教室里他的立场和别的孩子不一样，我不应该用同一个要求来约束他。

我决定放下自己的期待，不再跟他进行这方面的谈话，让他知道我理解了他的心思。当他又想黏我的时候，我会大方地给他一个拥抱，主动说："我注意到你刚才在做什么了，我会在几分钟以后到你那边去。"有小朋友需要帮忙时，我会有意把小任务交给他去做，他有时做得好，有时做得不好。

从我打定主意等待他准备好的那时起，其实心里也没底，不知他到底什么时候才能像个哥哥的样子，什么时候才能在教室"忽略"我。直到最近，6岁的他突然像变了个人似的，让我刮目相看。他现在会用我的口吻跟小朋友说话，或安慰或帮助或示范，领导力也初露锋芒。

这一刻仿佛一夜间到来，但是我知道孩子他自己足足准备了两年。

都说教育包括让生命成熟，但是你帮助他成熟，还是你协助他让他自己成熟，这是不同的两件事。比如同样是吃饭，第一个家庭没有任何一样餐具是为孩子而准备的，都是大人的尺寸，孩子小点的时候是大人直接喂饭，大一点了是大人帮忙夹菜、盛汤，让他在一旁自己吃饭；第二个家庭为孩子准备了一张适合他尺寸的专用椅子，他坐上去刚好可以和大人一样方便夹菜，另外还有他自己的碗和方便使用的小汤匙，每次吃饭孩子都可以像个大人一样自己取餐用餐。

这两个家庭的孩子，他们最终都吃到了饭，也都分别得到了大人的帮助，区别在哪里呢？显然第一个家庭的孩子得到了大人"空降式"的帮助，而第二个家庭的孩子得到了间接式的协助。两个孩子最大的不同，就是前一个感觉自己什么都不会做，并且不被大人信任；而后一个会认为一切都是自己完成的，自己是一个可以自立的人。

成熟不在于一个人的外在表现，而在于其心智。

我举一个简单的例子。一个只会从 1 背到 20 的孩子和一个会从 1 数到 20 的孩子，心智的区别很大。只会从 1 背到 20 的孩子，他所做的事从本质上来说只是语言工作，还不是真正意义上的数学，我们叫"记忆数名"阶段。他从 1 背到 20 跟他背一首唐诗是一样的工作，此时孩子还没有把数名和数量联系起来。所以，你让这个阶段的孩子数 20 颗糖果或其他东西时，他嘴里说的和实际动手数的是不一样的，他数不出来。

我再举个生活化的例子。一个被灌输同情心观念的孩子和一个真正经历过自己饲养的小动物生病或者死亡的孩子，他们对同情心的理解和感受是不一样的。前者只能"背"给你听，后者是可以自己自然地表达同情心。所以要帮助孩子成熟，不是灌输给孩子成熟的观念，也不是照着技能清单教孩子成熟，而是要让孩子们去体验、去经历、去承担。蒙台梭利认为"成熟"的过程不仅仅是基因作用的总和，还有环境的影响，心理的成熟只有通过"环境经验"才能实现。

有一次我去考察早教市场，在一家英语机构门前遇到了一位正在等孩子下课的妈妈。只见她一脸严肃地拿着一张单子，在教室门口看得很投入，等我跟老师谈完话从里面出来了，她还在那里。她主动走过来跟我说话："请问您是这里的老师吗？"我说："不是！"后来，具体说了些什么我记不太清了，总之她就是想向老师打听她女儿的学习情况。我看她一脸焦虑，就和她多聊了一会儿。由此我才知道她之前一直在专心看的是一份"成长清单"。

我是做教育的，办公室里当然也有很多有关孩子成长的各种表格，但绝对不是她拿着的那种。那张表格我拿过来大致看了下，设身处地来讲，如果我不是蒙氏教育工作者，只是一个普通家长，看了也会很自然地开始联想自己孩子的各种能力，然后对号入座。我看完才了解那位妈妈脸上的愁容是从哪里来的。那份"成长清单"字字惊心，明确写着：你的孩子到了哪个阶段必须会什么技能，必须学这学那，否则就会如何如何。我问她的女儿年龄时，她说才 3 岁。

现在的父母如此焦虑可以说是"前所未有"！

人们正在为逐年提前幼儿的知识获取年龄而沾沾自喜，认为这是进步的标志。我们也不能否认，孩子的大脑的确开发得越来越早，知识获取得也越来越多，但是其他附属问题也接踵而至，比如儿童的心理发展和健康、社会适应性等还有待进一步的观察和论证。

在蒙台梭利的价值体系里，协助孩子走向独立、走向生命的成熟很重要。会考试、会工作都不是最了不起的事，一个人首先必须人格独立，知道自己的价值和意义，那么他才不会轻易被他人和环境所左右，才不会随波逐流。生命的成熟度是一个人重要的生存标准。蒙台梭利为孩子创造的自由氛围、探索氛围、工作氛围，都是为了让孩子通过自己的尝试和探索完成自己人格的建构。

有一种叫喜马拉雅野生大百合的高大植物，茎高可达 3 米，百合花瓣巨大优美、极其雅致、香气浓郁，堪称山野溪谷间一道壮观美丽的风景。这种植物有一个特点，那就是从种子萌芽到开花结果，会经历长达 5～7 年的时间。这么漫长的岁月里，在绿意葱葱的山野间没有人会注意到它，因为它看起来并无特别之处，但是一旦它准备好了绽放则会惊艳众人。

每个精彩的生命都需要一定的时间来准备。在人生的前六年，一个人就像那大百合开花前，看起来默默无闻、不动声色，但是一旦给他充足的时间做好准备，他便会遵守生命之律绽放精彩。

父母干预过多或者没有任何干预，都会影响孩子的成熟度。成熟有时候与年龄无关，他老去的只是容颜，心智却依然像个"孩子"，一点都不成熟。

当一个孩子的成长受到阻碍时，他的心就不是健康而有张力的，许多待解的问题就很遗憾地停留在了那里。比如，孩子该体验的失败没有机会体验，该体验的情绪被我们剥夺了机会，该承担的后果被我们承担了，该得到爱没有得到等，这些都属于应得体验的缺失。类似这种应得体验的缺乏，很容易留下许多心理缺口，有的人甚至由此产生了心理障碍或者阴影，需要花上一生的时间去弥补童年的缺憾。就算后来遇到许多磨炼使自己有机会变得成熟，但是因为童年的承受和处理经验是空白的，成长后面对困难有的人会扛不过去，有的人勉强扛过去了但心里还是不忘去寻找被他遗漏的东西，尤其是到了垂垂老矣之时，他们心里的遗憾会被无限放大。

 温馨贴

使孩子自己走向成熟

◎ 给孩子充分的动手体验，促进其大脑有序而健全的发展。

◎ 感官知觉（视觉、听觉、嗅觉、味觉、触觉等）越灵敏，肢体运动（包括粗大运动和精细运动）越丰富，身体肌肉的自控能力越强。

◎ 给孩子充分的情绪体验。喜怒哀惧是人的原始情绪，每个人都要学会和自己的情绪友好相处，而不是去回避情绪。友好相处的前提就是去识别并驾驭它。当我们有意回避或者人为代替孩子感受基本情绪时，他的处境就会变得危险。

◎ 俗话说"千金难买少年贫"，孩子心智的成熟一定程度上少不了要让其经历适当的磨炼。人的斗志和毅力往往是在某种"困境"中激发出来的。

◎ 给孩子服务他人的体验和照顾生命成长的爱心体验，比如照顾动植物，经常带他看望老人或病人、帮助他人等。

◎ 每个孩子都应该被全然接纳。童年的被接纳是每个生命对世界和人最初的印象，这对他日后的世界观和人生观都有极其深远的影响。

◎ 失败和错误是每个孩子获得成功的最好老师。没有经历过失败和错误的孩子，其未来堪忧，家长对此的态度很苛刻，只能说明家长本人的恐惧感很强，安全感也不够。

◎ 让孩子拥有承担自然后果的经历。

第 4 章 蒙氏父母的家庭实践

所谓蒙台梭利教育，就是把孩子安排在一个有准备的环境中，让孩子身处其中并与周遭的环境产生互动，从而让其在反复的互动中得到体会与领悟。

—— 玛利亚·蒙台梭利

蒙氏家庭工作（0～6岁）

2016 年 8 月 3 日

我一直在说现代都市里的小孩暑寒假很可怜，不能像我们以前那般在田野间纵情欢笑。这不，这个暑假因为工作我们也没有时间带孩子去度假。

孩子爸爸一早有事出门了，家里就只有我和儿子。他很懂事，在自己的工作室玩了好一会儿，实在是玩累了就来书房找我，让我陪他玩。我打发了他几次都没有成功后，才突然意识到自己的疏忽大意：一个蒙氏老师怎么能光用嘴巴解决问题呢？真是忙得够晕的。

我立马起身到卫生间很快准备出擦镜子和玻璃的工作环境（前天刚到货的儿童长杆式玻璃刷），孩子看见新工作刷，小眼睛马上就亮了起来。二话不说，拿起来

> 就开始投入到工作中去了。我什么时候溜走的，大概他都没注意到。
>
> 哈哈，小家伙一忙就是大半个上午，早把之前让我陪他玩的事儿忘到九霄云外去了。

孩子是通过工作来发展自己的，他们除了睡觉外，几乎不能停下来，活脱脱像极了"工作狂"。所以，家庭中的儿童除了让他们以自然状态去玩（探索）外，我们还会有准备地创造出"工作"氛围来帮助孩子们走向"正轨"。

蒙台梭利曾指出："成人是为了生活而工作，孩子则是为了工作而生活。"爱孩子就应该让他做自己想做的工作。纪伯伦也曾经说过："工作就是爱的显现。"这一点与我们的教育理念是完全相通的。

此时，天天嚷着"让我来"的孩子们等的就是"工作"，特别是那些符合他现阶段兴趣的工作。父母可能会说："我让他学穿衣服，可他就是不穿，让他自己刷牙就是不刷，他们怎么可能会期待'工作'呢？"

作为一个多年的儿童观察者，我可不会被这些父母的反问迷惑。对，没错，他们在"说谎"（无意识的谎言）！

请有这些疑问的父母尤其是妈妈认真回想，孩子最初可不是这样的。几乎所有正常孩子一开始的时候，都是抢着要自己做事的。有可能是1岁，有可能还更早，那些抢着要自己接水、吃东西、穿衣服、扣纽扣、叠毛巾、扫地……的日子，难道真的被你遗忘了吗？只是那时他们想做的时候，你有何反应？

你怎么说的：宝贝，妈妈来帮你吧，你还小。

你怎么想的：真是急死了！与其等他慢吞吞、笨手笨脚瞎弄半天，还不如我一分
钟就搞定了。

你怎么做的：从孩子手里直接夺走了他们要自己做的机会。

当孩子长大一些了，你认为他应该会这会那的时候，他已经是一个习惯依赖你的人了。再从头来学做事，对他来说充满了困难。

要再次唤起孩子的兴趣，父母们又得重新变得谦虚、放手，有时甚至是需要"引诱"才能帮助孩子一点点恢复"元气"！

除此之外，还有一些因素也会导致孩子工作的兴趣下降，甚至不去做大人为他们准备的工作。

○ **你准备的工作太简单**：孩子都是向前发展的，他已经会的事情就不再做了，他要去征服新的工作。

○ **你准备的工作太难**：虽然孩子喜欢新的挑战，但是超出自身能力范围的、难度太大的工作也会让孩子退避三舍、不去理睬。

○ **没有工作的环境**：虽然你给孩子准备了工作材料，但是没有适合孩子自由探索的工作环境，这也会影响到孩子的自主发挥。比如，孩子没有自己的工作场地时，你仅在茶几上或者餐桌上挤出一点空间供他使用；孩子在工作时，家里有人开着电视或者玩着手机，抑或成人过度干预和指点孩子的工作等。

○ **工作没有兴趣点**：如果你准备的工作不符合孩子自身发展的需要，孩子找不到兴趣点，那么也无法吸引孩子自主工作。

○ **长期不更换教具**：我们要经常根据孩子的发展在环境中填充或者更换材料去满足孩子的需求，如果他常年看到的都是一成不变的东西，这势必会对他的工作热情形成阻碍。

我把孩子在家庭中可以做的一些基本工作列成以下各类清单，对你来说也许是一份不错的"礼物"。至少你清楚该如何满足孩子们如饥似渴的大脑和双手了。

只是要特别说明以下两点：

1. 如果严格按照蒙台梭利工作实操培训的要求，那么每个工作都需要非常详细的说明、步骤、插图，父母们还需要接受正规训练（这是我们蒙氏父母实体学校正在做的事）。如此一来，本书就变成工作介绍书了，因为仅家庭工作就可以专门出版一本书，父母们可能就会错失其他精彩宝贵的内容。本书中我仅列出清单给父母一个指南，不久之后，期待我详细的家庭工作实操书和大家见面。

2. 为了能够真正帮助儿童得到发展，请父母不要随意选择工作材料，也不用盲目模仿和跟从他人，物品的选择应该遵循以儿童的兴趣和有助于完善他们的个性为原则。

日常生活

工作目的：培养孩子的独立性、秩序感、专注力、协调性。

孩子日常生活的工作见表 4-1。

表 4-1 日常生活

基本动作练习	照顾环境
• 练习搬动座椅及归位 　延伸活动：搬运物品以及家长引导归位（自 　从会行走到 2 岁左右，孩子都喜欢做搬运工） • 开关门和灯具 • 开关抽屉和衣柜 • 取放托盘、毛巾及其他物品 • 走线（可在家庭的地板上贴线，也可沿着马 　路边线行走等） • 双手的抓握练习（抓豆子、小石子等） • 舀的动作练习 • 倒的动作练习 • 捞的动作练习（水中捞物） • 夹子的使用（各类夹子） • 取水的工作（海绵、滴管、针管等） • 切的工作（儿童专用刀） • 转和扭的工作（各种瓶盖、锁等） • 串的工作（大小不同的珠子、纽扣等） • 卷的工作（卷工作毯、桌布及其他物品） • 粘贴的工作 • 折的工作（折布、折纸） • 剪的工作（儿童剪刀） • 缝的工作（缝纽扣等） • 剥的工作（剥豆子、花生等）	• 擦的工作（擦桌子、擦玻璃、擦树叶等） • 扫地的工作（儿童专用扫具） • 拖地的工作（儿童专用拖把） • 简易插花 • 晾晒物品（晾晒衣物、毛巾等） • 照顾植物（浇花、松土、除草等） • 照顾动物（喂食等） • 家庭收纳（分类摆放物品）
	社交礼仪和日常生活礼仪
	• 问候、道安、道歉、敲门、要求、请求帮忙、 　使用厕所、咳嗽、打呵欠、打喷嚏、卫生 　习惯 • 自我介绍 • 服装仪容 • 公共场所的基本礼仪 • 布置小型餐桌，备餐，以及餐桌礼仪 • 请求原谅 • 接打电话用语
照顾自己	**食物备置**
• 穿和脱的工作（衣服、裤子、鞋子等） • 扣衣饰扣（纽扣、按扣、拉链等） • 洗的工作（洗手、洗脸、洗脚、洗头、洗毛 　巾、洗袜子等） • 刷牙 • 擦鼻涕 • 叠的工作（叠衣物、叠小被子等） • 擦鞋 • 如厕训练 • 梳头	• 摆放餐盘 • 做水果沙拉 • 榨果汁 • 打鸡蛋 • 做手工蛋糕、饼干等 • 做寿司 • 做三明治 • 做凉拌菜

感官工作

孩子可做的感官工作见表 4-2。

表 4-2　感官工作

视觉训练	味觉训练
• 分辨颜色	• 味觉辨别
• 分辨形状（几何形状）	• 味觉配对
• 分辨大小	**触觉训练**
• 分辨粗细	
• 分辨高矮	• 触摸各种不同的布料和纸张，感觉其差异并配对
• 分辨长短	• 认识粗糙与光滑
• 拼图游戏	• 触摸不同的物品（区分、比较、配对）
• 插孔游戏	• 感受不同的温度
• 实物与图片对应	
听觉训练	**前庭觉训练**
	• 滑梯（前倾匍匐式）
• 识别声音（动物叫声、大自然及生活中不同物体所发出的声音）	• 转大陀螺
	• 钻玩具隧道
• 找相同的声音配对	**附：自然材料以及玩具之感官妙用**
• 声音方位辨别练习	
• 节奏练习	1. 各类球
• 音乐鉴赏	形状、触感、滚动速度、浮沉、轻重、作用、大小、颜色
• 指令游戏（听声音做动作）	2. 沙子
	触感、颜色、轻重、用途、声音
嗅觉训练	3. 水
	触感、性状、味道、流向、用途
• 找相同的气味配对	4. 其他
• 到户外收集更丰富的嗅觉材料	木、石、金属、种子

数学工作

数学源于生活，无处不在，所以父母要在生活中处处留意运用数学迎合孩子先天的"数学倾向"，帮助孩子吸收数学的两个特质："秩序"和

"精确"！

在家庭教育方面，由于父母专业水平参差不齐，我们不主张父母在毫无正规训练的情况下就教授孩子。家庭教育在数学领域的重点是保护孩子的数学天性和启蒙，充分满足孩子自发的需求，并不是教科书式教授。

蒙氏数学不同于传统数学的学习思维，重在为幼儿奠定稳定的数理基础。她把一个个抽象的符号和公式变成了看得见、摸得着的实物，让孩子的身体主动参与到吸收数学中，而不是被动接收数学。

幼儿阶段，家庭中的数学教育主要达到以下三个目标：

1. 培养数理逻辑心智。

2. 培养科学思维方式和习惯。

3. 培养数学兴趣。

孩子可做的数学工作见表 4-3。

表 4-3　数学工作

• 各类配对游戏（袜子、鞋子、颜色、形状等）	• 分餐具
• 排序（由大到小、由小到大、由高到低、由低到高等）	• 分实物（水果或其他物品） • 分析与概括的能力训练
• 分类（按颜色、形状、用途等分类）	• 类比和推理游戏
• 找规律	• 抽象与概括的能力
• 找不同	• 认识货币
• 数楼梯、数实物	• 兑换货币的游戏
	• 小卖部游戏（买卖游戏）

注：辅助游戏有积木、数字家族、几何图形模型组合等。

语言工作

孩子可做的语言工作见表 4-4。

表 4-4　语言工作

• 与孩子进行积极的日常会话（正常语速、词汇丰富）	• 给孩子讲成语故事
• 积极让孩子为环境命名（生活中孩子接触到的一切环境及物体名称）	• 词语接龙游戏
	• 反义词和同义词的练习
• 0 岁起即可给孩子讲故事	• 培养写日记的习惯（从图画日记开始）
• 认识图文对应卡	• 多听古诗词和韵律较好的童谣
• 阅读绘本故事	• 认识情绪、表达情绪
• 书写预备（借助日常工作锻炼手眼协调、画画练习握笔）	• 手工制作小书
	• 在沙盘里画画、写字

科学文化工作

孩子可做的科学文化工作见表 4-5。

表 4-5　科学文化工作

• 观察物体沉浮	• 收集树叶（艺术创作或制作书签）
• 观察种子发芽	• 模拟火山喷发实验
• 观察磁铁引力	• 认识地球仪
• 观察四季变化	• 认识国旗
• 使用指南针	• 旅行
• 使用天平秤	• 制作家谱树和成长册
• 养蚕、蝌蚪	• 认识日历

0 ～ 3 岁家庭活动补充

0 ～ 3 岁的孩子的家庭活动补充见表 4-6。

表 4-6　0 ～ 3 岁家庭活动补充

• 观看吊饰	• 球类游戏（踢球、投球等）
• 用手掩着脸或用手绢玩捉迷藏游戏	• 色卡、图卡（实物配对）
• 摇铃	• 自由舞蹈
• 将物体放入盒子里，让它消失再重现	• 小孔投币、投球游戏
• 照镜子	• 敲击乐器
• 涂鸦	• 基本感知和体验大自然的常见物质（沙、土、石、植物、动物等）
• 视觉追踪	

蒙氏家庭工作的原则：

1. 工作材料的难易程度必须符合孩子的发展情况。太简单和太难，都不能吸引孩子的注意力。

2. 工作材料的尺寸、大小要符合孩子的年龄阶段。

3. 每次只取一个工作用具，归位后再取下一个。

4. 父母只做示范，要懂得适时离开，不参与和帮助孩子完成工作。

5. 在孩子工作的过程中，父母不打扰、不评论、不夸奖、不纠错（对于不能自动纠错的工作，父母找到合适时机再次正确示范即可）。

6. 父母需要介入时要征求孩子的同意。

7. 孩子没有准备好要工作的时候，父母不能强迫他工作。

如何布置蒙氏家庭环境

2017 年 10 月 11 日

从上周一开始我就把儿子从 2 岁到现在（5 岁）的画架悄悄"藏了起来"。其实也没有搬到哪里去，就只是挪到了窗帘后面，让它看起来不怎么显眼而已。

我想做一个小小的试验。

一周过去了，儿子果真没有用过一次画架，也没有问过关于画架的任何问题。要知道那可是他平时最常用

> 的东西，几乎每天都会去画上一阵儿。
>
> 　今天是第八天，我又把画架挪到了窗帘前面原来显眼的地方。儿子吃完饭又很自然地像过去一样去画画了。
>
> 　我忍不住问："儿子，你没有发现画架消失了一周吗?"
>
> 　他说："知道啊，我看见它在窗帘后面。"
>
> 　……

　教育的首要条件就是为儿童提供环境，以保证大自然赋予他们的各项能力能够得到充分发展。

——玛利亚·蒙台梭利

　我之所以做那个画架的小试验，说来也是用心良苦，主要是因为那段时间，我发现了有些父母学员在上完蒙氏环境那节课后不采取行动。无论我在课堂上怎么强调和解释环境布置的重要性，也不管我向大家提供了多少参考案例，就是有那么一部分家长不以为然。他们没有去实践，便难以感受到蒙台梭利所重视的环境到底有多神奇！他们以为，只要带着大脑来上课就可以了，只要学了蒙台梭利的教育理念就可以了，至于改不改变家庭环境、布不布置蒙氏环境也许没有那么重要。直到觉得孩子改变不大向我咨询原因的时候，他们才发现原来自己根本就没有"蒙氏"起来过。

　我做那个试验就是要现身说法，以此更真实地告诉家长，孩子有环境刺激和没有环境刺激是完全不同的，哪怕是自己平时最喜欢玩的项目。因为孩子每时每刻可选的项目很多，可做的事情也很多，他们在意志还没有坚定之前，什么事情刺激他他就做什么。

可以这样说，蒙氏教育的精髓都必须通过具体的环境去实现，就像孩子的心理发展机制，如果最后不实体化的话就都只是空谈。蒙氏家庭教育真正的内涵不是外在而是精神，不一定要有蒙氏学校那样的大教室，也不一定要有标准化教具，但这并不是说父母和环境不重要，也不是完全不创设蒙氏工作环境！

家里空间太小、买不起教具等都是借口。再小的空间、经济条件再一般的家庭都可以"蒙氏"起来！只要家长掌握布置家庭环境的目的和原则即可。

这一切都是因为蒙台梭利博士发现：孩子与环境之间的互动会产生"化学反应"，这种反应会促使孩子自我学习。互动的过程本身就是孩子吸收外界的过程。所谓的外界，包含了众多孩子们以后都要学习的内容，几乎所有的学科在生活中都能接触到。然而，这些体验是依靠人的口头说教所不能完成的，孩子也不会老老实实听我们讲几何原理和秩序的好处等，就算听了也可能听不明白。

什么样的环境刺激孩子做什么样的事！比如你到了图书馆，那里创造出来的氛围和环境就是告诉人那是看书的地方，所有进去的人都会不自觉地只做一件事，那就是看书！你到了游乐场，同样环境会提示你现在只有一件事是可做的，那就是游乐！商场、画室、音乐厅等都是一个原理。

那么，在家庭中呢？

家是一个多功能的地方，其中一个功能就是：孩子的第一所"学校"。当你的家庭从过去的两人之家即将变成三人、四人之家的时候，你就应该开始着手调整它的功能性和适应性。

孩子从出生起就会利用环境孜孜不倦地"学习",他们仿佛是为学习而生的,所以我们要把家布置得更利于孩子生活和学习。

你对孩子的爱和理解都藏在小小的环境布置里。

你说你爱孩子,但是孩子想洗手都没有办法自己洗,因为只有为大人而设计的洗手台。

你说你爱孩子,但是孩子想看书都没有办法自己拿,因为只有大人的书柜。

你说你爱孩子,但是孩子想欣赏墙上的画却很困难,因为画的位置只符合大人的视角高度。

椅子、桌子、衣柜、镜子、床、扫把、拖把等,仿佛家里没有一样是为孩子而准备的,你认为孩子会怎么看待这一切?

当一个地方有专门为你而设的环境,你又会怎么看待那个环境?

一个小小的尺寸问题不仅仅是方便孩子使用这么简单,它包含着更丰富的信息:爱和理解,独立和尊严。

如果环境能够让孩子从一开始就可以自己做自己想做的事情,不是什么事都要有求于爸妈,不给孩子造成一个"我不行,我必须依赖大人"的潜意识,那么他自然会认为:我能自己决定,我能自己做,我能得到重视和尊重!

蒙氏家庭环境布置的原则

我们为儿童创造的环境是他们可以进行自由活动的场所,而且最终目标就是满足儿童的精神活动需求。

——玛利亚·蒙台梭利

- 第一个原则：孩子的用品和活动所需的材料，要符合孩子使用的尺寸（根据孩子成长调整尺寸）。

- 第二个原则：尽量采用真实、自然的材料。

- 第三个原则：满足孩子发展阶段以及敏感期特征的需要。

- 第四个原则：体现自由与独立的特征。

- 第五个原则：体现秩序与结构（按功能划分区域）的特征。

家庭环境布置案例

一、工作区

- ○ 位置的选择：工作区可以布置在客厅的某个角落（不要太偏僻），也可以用一个单独的房间来布置。如果餐厅闲置的话，也可以把餐厅布置为工作区来使用。

- ○ 工作桌尽量和材料架放在同一区域，提高孩子工作的刺激度。

- ○ 所有工作材料尽量采用开放式，并且以托盘收纳的形式陈列，方便孩子随取随放。

- ○ 家庭工作以日常生活类为主，架子不在于多，根据孩子的发展适时更换材料即可。

二、卫浴区

三、阅读区

- ○ 图书尽量正面摆放，露出封面，方便孩子选择和取放，提高阅读的刺激度。
- ○ 坐垫或小沙发尽量和书架在同一区域，以便孩子阅读。
- ○ 阅读区域尽量选择在光线明亮的地方。如果房子有多层，可以在孩子和妈妈经常活动的各区域都布置供孩子使用的简易阅读区，不局限于家里只布置一个阅读区。
- ○ 孩子的书会越来越多，不用不停地添置书架，而要适时更换书籍。选择太多不便于刺激孩子阅读。

四、艺术区

艺术区的形式可以多种多样，主要是根据孩子的年龄和喜好。涂鸦区优先选择墙贴，可以满足孩子自由探索绘画的乐趣。

五、换鞋区

六、衣柜

○ 条件允许的话，尽量让孩子自己用一个独立的衣柜。如果空间有限，就把衣柜低矮的部分留给孩子专用。把常用的衣服放在孩子随手可以拿到的地方，把大件的或者反季节的衣服放在上层。

○ 只要孩子有动手能力，其衣服的分类叠放都应该由他自己进行。

七、厨房区

- ○ 位置的选择：厨房区可以布置在家庭厨房的一角或附近区域，以便妈妈照看。
- ○ 根据孩子的年龄提供相应的材料，遵循由简到难的原则，但都要是真实的。

不一样的客厅

说到家庭环境，我有特别的心得。大部分家庭的客厅都是千篇一律，电视柜＋茶几＋沙发，为什么客厅就一定要是这样的呢？

由电视主导的家庭布置格局是时候变一变了！不仅是因为电视已经慢慢不再是现代生活娱乐的主角，还因为我们要为新一代创造一个更宜居的生活环境。让客厅的功能更趋于人性化，更有助于孩子的学习成长。

被大家默认的环境常是以看电视为中心的，在这种环境下的模式化动作是：人一进到家，往沙发一坐，随手从茶几上拿起遥控器，电视一开就完事。孩子转过去是电视，转过来也是电视，想看不想看都会不由自主围着它转。这从我们环境原理的角度来看，不是孩子出了问题，是环境布置出了问题。

一次做客的经历促使我决心倡导大家改革客厅布置。朋友的孩子已经上小学三年级了，她说孩子学习成绩不太好，而且每天最头疼的事情就是陪孩子做作业。那天我去她家做客，一桌子人有说有笑地吃着晚饭，客厅的电视就像背景音乐一样一直放着，家庭氛围倒真的很热闹。等到了差不多7点的时候，我朋友突然话锋一转，连叫了孩子三次"赶快吃"。我问她为什么催孩子，她说孩子作业还没有做。后来，我们这些客人和男主人继续吃饭，而她陪着孩子匆匆忙忙扒拉几口饭就赶到了茶几旁。接下来我看到的就是，妈妈娴熟地把原本摆满一桌子食物的茶几三两下收拾了，其实也就是腾出了一个可以勉强写字的地方，陪着孩子开始了他们的"作业之旅"。在此期间，我会时不时听到妈妈说："叫你做作业专心点，一天就是惦记着看电视，广告有什么好看的？"大概两次之后电视终于被关了，但是她娘俩的口角之争始终没有停歇。

我很震惊，想着他们家不算小，一百多平的房子竟然没有一个孩子的专用学习桌或书房。问了才知道，书房有是有的，但是都堆满了各种杂物，孩子也不爱去用。平常老人在家有事没事都习惯把电视开着，孩子从小就是在茶几那里边看电视边写写画画，后来上学了还是只愿意在那里做作业。我有意看了下，还果真像这位妈妈讲的一样，书房被各种杂物堆满，几乎没有什么想坐下来看书的欲望，而在离客厅较远的阳台上的书桌一眼望去也是一层薄薄的灰尘，显然许久没有人去用了。

有多少家庭何尝不是这样的呢？孩子在茶几上、餐桌上挤出个角落，将就着来写字、画画、看书，而且多半是大人叫孩子学习，孩子才想得起来去做。原因很简单，茶几和餐桌摆放着的物品都不是学习相关的，主动被环境提醒应该学习的信号几乎没有。孩子写字画画持续的时间也不会太久，要么被食物吸引走神，要么就是直接被电视吸引，根本无法专注地做事情。环境没有一个明确的定义，就像生活没有仪式感，人很难全情投入。

然后，要么是书桌书架被塞在某个角落，让人一整年都没有几天想去那里坐坐的想法，要么就是干脆没有孩子专用的书写空间。这些情况不是出于房子大小的问题，再大的房子家长不会布置的话，孩子还是喜欢在客厅以电视为中心的范围内做事。

我们说，没有环境，就不是蒙台梭利。若环境不支持孩子的成长，那么孩子怎么成长？试想，如果孩子转过去是书桌，上面有很多他喜欢的书写用具、玩具和绘本等，又转过来是工作桌，还有许多有序、有趣的工作材料，而且尺寸都是量身定做的。那么谁都可以想象得出来，孩子一天在家里会做些什么事。蒙台梭利说，孩子是通过环境教育自己、完善自己。你要求孩子与众不同，那你自己是否也与众不同？从你家的客厅开始！

环境会自己"说话"

有些妈妈问："布置好了环境，我是不是还要经常提醒孩子按计划做事呢？"

如果你也抱着这样的想法，说明你的环境布置还不够合理，好的环境会自己"说话"，告知孩子它的用途。就像我前面提到的，进了图书馆你需要有人来告诉你这是看书的地方吗？进了木工房，需要有人提示你这是要动手干木工活的地方吗？那为什么不用人来提醒，是不是环境本身就已经在引导你了呢？好的家庭环境布置也是一样的，被设计得越符合主题、越顺手、越有趣，孩子就越不需要你指挥，他们的身体和双手早已按捺不住想去"使用环境"了。合理的阅读区自然会让孩子在那里阅览书画，适宜的绘画区自然会让孩子大展画技，有趣的工作区自然会让孩子去挑战和尝试新鲜的工作等。

我们唯一需要做的，就是观察孩子并为其提供完备的环境、适当的示范。我举几个例子：

大部分小朋友都喜欢玩"用切蛋器切鸡蛋"的工作，而有的小朋友玩过一两次以后就不再玩了，究其原因，他们的妈妈没有理解工作的要旨。孩子第一次做的时候，妈妈就只给他提供一个切蛋器，大大咧咧地让孩子自己体验了，结果孩子乱扔鸡蛋壳（没有事先预备容器），切出来的鸡蛋屑弄得桌子上、地上、衣服上到处都是（①家长没有事先正确示范；②家长没有给孩子准备菜板垫底；③孩子没有系围裙），没有准备镊子，取不出完整的鸡蛋片，孩子不高兴，最后好好一个工作被弄得不欢而终。家长看到一团糟的现场忍不住又多说了孩子几句，结果孩子就再也不做这个工作了。

再说说水的工作。父母们都知道孩子喜欢做有关水的工作，但是也有失败的案例。一个妈妈想也没想就让孩子在客厅玩"水中捞物"的工作，一开始孩子还是按照规则捞了几个物体，但是玩着玩着，就小马奔腾般自由发挥起来，一会儿溅水花，一会儿泼水，短短几分钟就把客厅的木地板弄湿了一大片，这下子大人不干了，尤其是奶奶接受不了，直接收摊并"明令禁止"孩子玩水。被没收了工作用具以后的孩子情绪很崩溃，哭喊着："我再也不做妈妈给我的工作了。"

这个工作的失败之处就在于工作场地的选择。完备的环境包括工作场地的预备。我们第一次让孩子做这种工作的时候，就应该提前预见到有可能孩子会不按规则玩或者会把地板不小心弄湿。对于此类工作，我们会建议家长划定卫生间的区域给孩子们来尽情探索水的性质、触感，以及捞物的乐趣。在那个特定的区域就算湿了地板也不会引起家人的反对，孩子也不会留下对工作的阴影，只要提示他过后收拾就可以了。

一个三岁女孩每天起床后的洗漱问题一直困扰着她的妈妈。直到她的妈妈拍下她日常洗漱的完整视频给我看后，问题才终于得到了解决。

她的妈妈早晨起来把洗脸水、毛巾、刷牙水、挤好牙膏的牙刷都事先准备好放在客厅茶几上，让孩子到那里去完成一系列的动作，漱口时用的是一个稍大一点的口杯。可是，孩子每天起床后一走到客厅就在沙发上躺一会儿，坐一会儿，或者发会儿呆，总之一动也不想动，好久清醒不过来。这就是严重的环境不匹配导致的孩子不作为。

后来这位妈妈照着我告诉她的调整方案进行改动以后，事情就自然而然地解决了：洗漱就应该在洗漱区，有孩子自己的物品台和垫高的脚凳，孩子可以自己挤牙膏，开水龙头，取毛巾，清晰地看到镜子里的自己。就这么简单！人在什么环境下就做什么事，这么简单的道理为什么不去实践呢？当孩子个别日子实在状态不佳不愿动手时，爸爸或者妈妈完全可以以身作则带动孩子一起洗漱，把琐碎的日常生活过得快乐有趣。

物品要适时更换。环境中的物品要根据孩子的发展情况适时更换。孩子不肯工作，说明要么是你为他预备的工作材料太陈旧，他已经会了；要么是太难，他有畏难情绪；要么是不太符合他的兴趣爱好；要么是陈列太零乱；要么是工作环境布置得离家人活动半径太远，比如阳台、过道等偏角。当然还有一种可能，就是家里时常开着电视或者有人常玩电脑游戏。那些高频和引诱人被动接受的东西总是容易吸引孩子的注意，但它们偏偏又容易使孩子的发展脱离正轨。这个世界就是这样，不是最吸引人的就是最好的，有东西会牵制你，就说明你正在脱离自由的轨道。

不止一次有家长谈到，若孩子只爱看电视，家长是不是也要尊重他呢？他想做的是不是就是他要发展的事呢？

原来蒙台梭利的理论也可以这样来用，真叫人哭笑不得。首先，尊重孩子的自发行为，指的是不受外因干扰而生命自身积极向上的发展愿望，比如他想抓、握、爬、走、说等。这些行为的背后都有内驱力，在没有人为计划和安排的情况下，孩子也会控制不住地想去行动，若行动受阻，他的发展就将受到影响。看电视不在这个行动范围内，电视完全属于外来物，它与生命无关，没它对生命毫无影响。如果你不给他提供这个环境，他又怎么可能会"上瘾"呢？孩子爱看电视是内在成长受到干扰后的表现，是思想和身体的发展受到阻碍而本能倒退的表现，这并不是自发性行为！这种情况我们是要帮助孩子回到自主成长的正轨而不是滥用"尊重"。

心理和大脑的发展依赖于身体的运动。判别什么事是否出于孩子发展的本能，是否是积极体验，主要取决于身体和心理有没有在工作，有没有和谐统一。显然，看电视过程中的孩子，大脑和身体几乎都是处于停止状态，不具备大自然赋予生命的自发性特征。

再来说说阅读，书籍本身也是外来物，但为什么又要提倡呢？这是因为书籍是承载文字符号的载体，而符号本身（文字和图片）是人类独有的文化特征之一，生存和生活都离不开它。确切来说，阅读是一个高等的心智工作，需要中枢神经系统调动身体各部门的协同工作才可以完成，需要付出大量的脑力和心力，十分锻炼人的心智成长和主观意识。阅读书籍和看电视有本质的不同。

看电视纯属被动接受，时间长了，人的各方面能力可能都会下降甚至丧失。成人是已经发展完善的群体，看电视是一种生活的娱乐和消遣，不会对生活形成过大的影响。但是孩子完全不一样，他们正在形成的阶段，看见什么就吸收什么。偶尔看或有所限制地看电视，其影响不明显，但是长期接触的话，他们的思维模式和行为模式就会被固化。

为什么不是每个人都喜欢阅读呢？这并不是因为他的生活不需要某种符号和精神，而是主要有以下两个原因：

第一，孩子错过了阅读的敏感期。孩子在 4.5～6 岁对阅读有独特的敏感性，他们不仅对发音、拼读、韵律感兴趣，还喜欢把图片和文字对应起来看，喜欢指认文字阅读，开始喜欢探索文字符号的意义等。对此父母可能并没有在意，也没有给他们提供阅读的环境和材料，等过了那个时期再来要求孩子有良好的阅读兴趣和习惯是件不容易的事情。

第二，孩子自我发展的天性曾被破坏过。孩子是自己成长的，他们是最懂得如何发展自我的，然而这种天性并不是每个孩子都有幸得以正常发挥的。有些孩子从出生开始就承受着来自教养者的干扰，成长之路障碍重重，自我发展的天性也渐渐有所偏移。他们开始变得懒惰、被动、压抑，延迟发育。最常见的现象就是，孩子越有事做越充实，越能动手越聪明；反之，越不做事越懒惰，越不动手越迟钝。

尊重是需要智慧的，就像自由一样。我们要尊重和接纳的是孩子的感受、孩子的自发性发展和活动需求、孩子的喜好和个性，但是其行为应该受到合理的限制。在个人利益之外，还有集体利益、社会利益、国家利益等其他利益。虽然一个小小的看电视行为不足以侵犯什么重大利益，但是孩子如果到了"上瘾"的程度就是到了伤害他自己利益的程度，作为监护人有保护被监护对象利益的义务，我们需要更加吸引和唤起孩子自主性的环境来帮助孩子回归正轨。

 温馨贴

◎ "自我教育"的最大误区——把孩子的发展完全交给天性或者本能！在人的天性和本能中包含动物的原始性，蒙台梭利曾在《发现孩子》一书中指出：如果一个人仅靠天性行事，他永远也无法集中自己的注意力，只会任凭自己的好奇心使注意力在不同的物体间转移。所以为更好地发挥生命的潜质，人类需要接受教育，在第一个阶段最适合孩子的教育方式，就是要给新生命提供恰当的"外部感觉刺激"，即"感觉体操"。

◎ 并非什么感觉刺激都对孩子有效，没有人可以在所有的事情上专注，每个孩子的兴趣都不尽相同，只有与他们心灵契合的外部刺激才能使孩子达到真正的专注。

父母是孩子最重要的人文环境

2018 年 1 月 1 日

儿子两岁多的时候，我们带他回我的老家过年，当出发的前一天全家人忙着收拾行李的时候，他突然问起来："爸爸妈妈，我们走了家怎么办？"我马上回应他说："我们只是离开几天，还会回来的。"

等去到老家晚上睡在陌生的大床上，他有点忧伤道："我想我们的家了。"智慧的爸爸给了儿子一个我认为最完美的回答："儿子，永远记住，有爸爸妈妈的地方就是家！"

后来四岁多的时候，他经历了人生的第一次搬家。同样是在晚上睡前说起了两年前差不多一样的话："我想我们原来的家了。"这一次我和他爸爸几乎是异口同声地给出了同一个回答："有爸爸妈妈的地方就是家。"

出于我们工作的原因，在他五岁多的时候，我们不得不再次搬家，这次我主动问了他的感受，他很轻松地回答我："妈妈，我早就知道了，有爸爸妈妈的地方就是家。"

生命之流

父母和子女之间有一条川流不息的"暗流",彼此生命的信息在这股流中循环往复、互通有无,我把这种看不见但又深刻影响着每个生命的"流"称为"生命之流"!

我们传递给孩子的不仅有血脉,还有生命的流动。孩子未必会全盘承袭父母,但是往往多数逃脱不了关联效应。对孩子越重要的人,他对孩子的影响就越重大。

我们把所有影响孩子的非遗传因素统称为"环境"。"环境"的含义是双重的,一般分为"人的环境"(心理环境)和"物的环境"。婴幼儿依靠强大的吸收性心智,把他们与环境的互动而产生的经验、感受、认知统统输送给自己的精神胚胎,从而形成自己的精神和个性,这就是环境影响生命成长的过程。

下面我记录了两件小事,孩子的反应让我深有感触。事件本身很平凡,平凡到有可能别家也发生过,但就是这种平凡让人可畏,因为你想故意教孩子还教不出来那种反应,那是你的生命状态在无数个平凡的日日夜夜流向了另一个生命的结果。

有一年冬季初临,我准备把一件白色大衣找出来穿,找了好一阵儿,都没有找到,便自言自语道:"咦?会去哪里了呢?"儿子看我有点急了,就跑过来说:"妈妈,别着急,我会帮你找的。"儿子也学着这里找找,那里找找,过了一会儿嘟着嘴过来说:"我也找不到!妈妈,你一定很难过吧,你要是实在难过也可以哭一会儿。"他一边说着话,一边用小手轻轻拍着我以示安慰。

一次孩子爸爸和我有一些工作上的意见冲突,起初我们都有意压低音量陈述自己的观点,但是后来爸爸有点压不住了,当他嗓门开始有点放开的时候,儿子从房间里走出来对着爸爸，说了一段令我们都很震惊的话："你平常不是不让我对妈妈凶吗？你自己怎么对她那样凶呢？你对我这样，我倒是能接受，可是你也不想想妈妈她能接受吗？"被镇住的爸爸马上就蹲下来跟他道歉，并解释了刚才发生的事情。那时儿子才5岁。

生命状态之间的传递是无法掩饰的，因为这是灵魂之间的对话，你本来是什么样子的，孩子很自然就会准确无误地接收什么信号，这跟你外在的装扮和掩饰毫无关系。就像你编造一些完美的借口告诉孩子，你是多么爱他，但却拒绝做出任何实际的改变，孩子无法产生共鸣，对你爱他的程度也是心知肚明的。而有的妈妈虽然不是那么善于为自己辩白，但是她很愿意不停地调整自己以促成更好的"家庭共生关系"，那么孩子不仅能感受到妈妈的用心，还能感受到家庭爱的流动。

生命之流承载着太多潜在的信息和能量，好的、不好的都在流动，人并不能做到实时监测和过滤，能改善和洁净这股流的只有一样东西，那就是爱！爱只要在你的身上流淌，生命就会在另一端得到滋养。

有爱的生命之流才是真正"活着"的流。

我记得那是一个感恩节，我们去儿子的学校参加感恩节活动。校方特意准备了一个环节，孩子们可以用自己平常在学校赚到的"保罗币"购买各种各样的美食。只不过，这个特别的货台和其他开放自助的桌子放在一起，导致我们这些不知道"游戏规则"的家长误以为它也是可以去随意取的，当我正准备去取食物的时候，被老师友好地阻止了。可没想到的是，儿子不知道是在哪里看到了这一幕，立即走过来拿着货币问我："妈妈，你想吃什么，我来给你买。"发自内心而言，那一刹那，儿子的及时解围和慷慨俨然一个"小英雄"，充满了暖意和仗义，一副恨不得把我马上保护起来的架势。我感动之余还是没忘记提醒自己一定要给孩子这个机会，于是随便说了一样食品让他买。

当 6 岁的儿子抬着东西送到我面前的那一刻，我仿佛看到的不是一个男孩而是一个成熟利落的男子，他所做的和平时我们为他所做的，以及他爸爸为我所做的事一模一样。没在他的脸上看出一丝丝不愿或者被迫的成分，反而是发自内心的自然之举。没过两分钟，他爸爸居然也犯了和我同样的错误，儿子也是毫不犹豫上前把货币交了，让爸爸没有一点尴尬。到后来我们才知道，其实他自己也没有充足的货币，他除了给自己买过饮料，其余的都给我们用了。

碰巧的是，同样的事情就在我们周围几桌上演了多种版本。有的家长看到我们的孩子用自己的货币买东西给爸爸妈妈，就想试试自己的孩子会不会也这么做，有孩子同意也有孩子舍不得。有的家庭则是孩子表示同意，但家长连连摇头说："不用不用，你留着自己吃吧。"有的家长干脆说："你留着买自己想吃的吧，不用管我们！"

"生命之流"流淌到孩子心里的，往往是那些看不到的东西，并不单纯是外在的行为。行为的动机分三种，即模仿、被迫，以及自己想做。从"生命之流"里出来的是最后一种。有的人把它与"教养"相提并论，但我是不赞同这种类比的。"教养"很大程度上是"教出来"的，而生命之流的影响则是"活出来"的，不用父母吹嘘自己养育他有多辛苦、多不易，费心教导他做人要如何如何。凡是你用生命去做的事情、用生命去表达的情感，孩子统统会在那若隐若现涌动着的"生命之流"里感受得到。

没有什么比生命得到滋养更能鼓舞一个人的内心了。当孩子吃到好吃的，会忍不住想让你也吃一口；当你辛苦时，孩子会忍不住想为你分担；

当你生病了，孩子会理解你；当看到你悲伤难过，孩子也会感同身受；当面对可怜的人时，孩子具有同情心……你不觉得这是用语言和行为都不可能教出来的吗？

再来说说我自己的故事。有一次，我们家楼上突然响起一阵爷爷辈的人的咒骂声，时不时还有响动，估计是动手了，孩子哭得撕心裂肺，听着大概是个两三岁小女孩的声音。我当时的第一反应是：该不会是青青被打了吧？她妈妈是我的学员，刚好住我家楼上，而且平常这个时候也是老人在家带孩子。于是我想都没多想，拿起电话来就打给那个妈妈，问她现在青青在哪里？当然，确认结果是青青当时不在家里，而且妈妈也笃定他们是不会这样吼孩子的。心刚放下一半，又马上被提了起来，不对，虽然不是青青，但别的孩子也是孩子呀！于是我给了自己一个底线，如果响动还不停止，不管是谁我都做好准备冲上去制止，因为那老人实在骂得太凶了。还好后来楼上没了动静，我也就没"多管闲事"了。

还有一次就真的发生在学员身上了。那位妈妈平常脾气不小，有一天上午她居然把孩子锁在家里反省，自己便出门了。还好她信任我，跟我说了一声，我当时被惊到了，在电话里毫不留情地把她狠狠地说了一番，让她赶快回去看孩子。说到最后我自己都哭了，我无法接受一个 4 岁的孩子被锁在家里这么残忍的事情。

我不是什么了不起的人，很多时候也会犯错。我要说的是：其实在我没做妈妈之前并没有这些反应，有时甚至不怎么喜欢跟小孩打交道，特别是很幼小还不成熟的孩子、调皮捣蛋的孩子。

完全是我的孩子改变了我。他和所有的孩子一样，生命中带着闪耀且纯粹的成分来到这个世界，和他朝夕相处的每一天都能让我汲取许多正面的能量：宽容、善良、单纯、活在当下。孩子的生命虽然弱小但丝毫不影响其强劲的精神渗透力，孩子是不以体积大小而论的精神体。他唤醒了我以为自己没有的东西，让我换了个角度去看这个世界上的所有小孩。

生命之流不是说只有我们大人自上而下让生命营养流向孩子，前面我也说过，这是一个循环的流，三个人就是三个人规模的流，四个人就是四个人规模的流。每个人的生命都在这条流里，互通有无，所以有时候是你的生命在影响孩子，有时候你也会被孩子的生命所影响。只要成人不被自己的偏见和经验蒙住眼睛，你会发现孩子的生命中藏着无价宝藏。

生命无言，胜过千言！

 温馨贴

◎ 父母有时花过多的时间和精力去装饰自己和孩子的外表，这是一种对生命状态的掩饰。孩子需要的是充分的运动和探索，他们所展现出来的都是生命起初的本质，他们并不在乎自己穿戴什么，是成人在让他们过早地忽视本质而流于形式。

◎ 许多漂亮而华丽的服饰并不适合孩子在平日里穿戴，孩子被要求穿上它们以后，这个动作不能做，那个东西不能摸。家长不是提醒"别弄脏了漂亮衣服"就是"小心刮坏贵重的衣服"，家长像是在保护衣服而不是在培养孩子。在这种情况下，服饰成了孩子发展的束缚。凭经验而论，孩子本质上并不在乎自己穿什么吃什么，他们的心全部都在自我发展上面。让孩子从小就流于外表可不是一个好兆头。我见过孩子因为被大人要求穿了件华丽公主裙后，一天之内被束缚着不得自由奔驰，从而拒绝同类着装。对这种现象，蒙台梭利博士很中肯地说："一切花哨的外在妆饰只是满足大人的心理，对孩子毫无用处。"她同时还引用了一段富有哲理的话来劝诫父母："你们不要以外表的辫头发、戴金饰、穿美衣为妆饰，应该以里面存着长久温柔、安静的心为妆饰。"

改变是为了找回自己

有的人不赞同为了孩子改变自己，他们认为凭什么做了父母，就不能做自己？

的确，做自己是每个人的权利，但你难道从来没有因为孩子的出现质疑过到底什么样子才是原来的自己吗？要说原来的自己，难道不应该追溯到那个曾经真实、单纯、善良的童年时的你吗？你拒绝改变现在的你，其实恰恰是拒绝找回原来的自己。

如果说人生有几次能让自己转变的时机，为人父母是一次无可替代的机会。在这个世界上，如果连你自己的孩子都不能令你改变，那么其他人就更难做到了。当你迷失了自己时，也许你的孩子可以帮你找回原来的自己。不是你自以为是地像英雄般帮了孩子多少、牺牲了多少，孩子并不欠我们什么！

孩子周围的重要人物，就是他的重要环境。你的语言、行为、情绪无时无刻不在影响着一个鲜活的生命。从积极心理学的角度来说，父母喜欢和擅长做什么、玩什么，都会影响到孩子的选择倾向。比如，在书画、乐器、阅读、烹饪、园艺等方面，子女从其父母那里看到、感受到父母投入、陶醉、热爱的状态，那么自己也会自然而然向这些活动发起挑战，并且投入足够的专注力，"心流"是有感染力的。

我们自己活出来的状态就是孩子最直接的环境！

以下是父母环境的模拟对照图（见图4-1），蒙氏父母并不是最完美的父母，却是对孩子最有帮助的父母，由此孩子可以清晰地找到自己改进的方向。

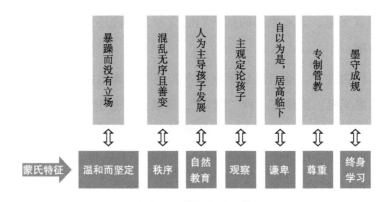

图 4-1　模拟父母环境

父母不用强迫自己为了孩子改变，这样的改变让自己和孩子都背负太多压力，也维持不了太长时间，只有发自内心地意识到改变是为了找回最好的自己，你的生命才可能发生转变。

现在你的孩子有多可爱，当初的你也一样有多可爱；现在你的孩子有多么想成为自己，当初的你也和他没有任何区别。那时的你一定不会想控制谁，不会对谁居高临下，不会毫无童心，不会口是心非。现在的你不是真正的你！

0～6岁的孩子对世界、对周围的人和事是那样充满包容和信任，是那么渴望世界和周围人也同样地理解和包容他。

父母的形象就是孩子心目中的画像

我儿子所在的幼儿园时常会组织一些走心的家庭亲子活动，老师颇有爱心。快毕业前的那个父亲节，老师请每个小朋友描述自己的爸爸，并且画一幅爸爸的画像作为节日礼物送给爸爸。结果，好几个孩子不约而同地说，自己爸爸最爱做的事情就是玩手机。每每听到孩子这么一说，台下的家长们就会心照不宣地"哄然大笑"。这笑声里包含着成人的尴尬，也包含着对童言无忌、天真坦率的孩子们的应和，也许还包含着成人之间惯有的集体自嘲。

其实作为孩子，他们只是原原本本、毫不修饰地把脑海中的画像描述出来，无褒无贬。画像有一种"魔力"，那就是潜意识效仿。所以，你会发现孩子不自觉地呈现出与成人一样的形象，而自以为豪。想想我们每个人自己成长的经历，也许大家就会明白为什么孩子有这种心理了。

比如小时候，我们多少会对大人的某个习惯动作有画面感，但又做不到或者不能做那个动作，而一旦有一天我们也做到了，就会有一种自己长大了的错觉，从而感到莫名满足。有些男生最初抽烟就会有这种"错觉"，就连幼儿园的孩子有时也会因为用一根牙签或者糖果棒比出大人抽烟的样子而沾沾自喜。女生也一样，当她们第一次穿起高跟鞋时，身体也会不自觉向脑海中某个穿高跟鞋女士走路的样子靠拢。当小孩嘴里第一次发出和成人一样的特别语言时（如脏话），他们会有一种无法解释的兴奋感。人的行为就是这样，总会不由自主地偏向自己脑海里的某个画像，这是一个不争的事实。

回到手机话题。如果孩子看到自己的父母大多数情况下是以手机为伴，比如父母在走路、坐下、躺下、说话、做事时，频繁使用手机，那么孩子并不会想：哦，这样不太好，我不能这样做。他们会把成人的形象深深印在脑海里，寻找机会变得和成人一样以示自己"成熟"。总之，成人的行为在孩子看来，不仅神秘而且很神圣，越是只准父母自己做不准孩子做的事情越如此。

那我们把这个理论换个对象，比如若孩子看到的是常常阅读写作、助人为乐、认真学习和专注做事的爸妈，当然他也会认真效仿。人的环境虽然不像物的环境那样显而易见、直截了当，却是影响孩子的重要心理因素。我们不能说父母怎样，孩子就一定会怎样，但可以说，父母的形象会变成孩子心目中的一幅画像，也是伴随其一生的影子。

孩子需要生活中真实的"英雄"

很遗憾的是，现在的孩子越来越缺少生活中的"英雄"榜样了。人们的工作方式和生活方式发生了翻天覆地的变化，在网络信息化的时代，从事实体经济和实体劳作的人越来越少，人们具体的劳作和社会活动都越来越隐形化。孩子看得见的是父母工作的时间很长（都说工作很忙），看不见的是父母到底在做什么（虚拟工作越来越多）。尤其是男性的形象相对过去的英雄时代有所弱化，这对养育男孩有一定的环境影响。

许多育儿文章还在用过去对男性的人格印象去刻画爸爸的角色形象，认为孩子多跟爸爸在一起会变得勇敢、坚强、能干、聪明、幽默。因为爸爸们会带孩子做各种探索、冒险，做各种动手活动比如木工、维修等。我这个天天接触年轻父母的一线老师可不这么认为。我不是否定上述理念，而是我持不同意见，现在多数爸爸早已不是那样的形象。文中那些对父亲的描述像极了现实版的"童话"。

如今，很多国内的年轻爸爸们宁愿坐下来玩手机，也不愿带孩子出去找事做；只求孩子不惹麻烦，不求探险；自己带孩子的时候，只求孩子的事能少一件是一件，最好把衣服、小手给弄脏了，最好别做出格的事比如探险等；只求大家相安无事，宁愿用手机给孩子看看科教片，也不带孩子亲自动手做科学实验，木工、维修基本不可能，大概爸爸自己也不会；至于幽默，就更别提了，发现孩子有些事做得不对，爸爸马上就来一场排山倒海似的说教，说教不听就来点更威慑孩子的行动。

请原谅我一口气说了这么多，如果要如实把妈妈们的"上诉状"全写出来的话，估计就不是一口气的事了。爸爸们的形象问题被推到了家庭教育的风口浪尖，"爸爸爱玩手机"虽不怎么中听，却是手机时代的真实写照。

有的妈妈回复我说，虽然很希望爸爸多带带孩子，但是爸爸喜欢玩手机和给孩子下各种禁令，还特别没有耐心，最后把孩子弄得也天天要手机不说，还养成了坏脾气，他这样带孩子还不如不带。

还有一个妈妈说，学了蒙台梭利教育法以后，本来想回去大展身手，好好让孩子自由探索一番，却没想到爸爸这不让孩子弄、那不许孩子搬、厨房不许进、泥巴不让玩，真是急死人了。她说哪里是爸爸带孩子探险，完全是自己冒着家庭纷争的风险在带孩子探险。

我们过去常说，爸爸是孩子心目中的第一个"英雄"，可是现在我讲出这个话，课堂上已经没有几个妈妈会点头了。她们的孩子一提到爸爸不是"玩手机"就是家里的"监工"，也难以看到爸爸帮困扶弱、大义凛然、机智幽默的场景，甚至还有的爸爸选择"缺席"，他们宁愿把时间用在多工作、多赚钱养家上，也不愿和小孩的哭哭闹闹纠缠。

幸运的是，不是所有的爸爸都这样。当我的孩子在我的陪护下几个月都学不会骑自行车时，他的爸爸才把护轮拆掉陪他一上午他就学会了。我那些求知若渴、谦虚有爱的爸爸学员不辞辛苦地来往于我们蒙氏父母学校。我的线上电台近 4 万人的听众中男性听众占到 15.8%（2018 年 10 月的数据，持续上升中）。当我去北京与本书的出版社签约的时候，风尘仆仆赶来见我与我谈论其孩子的是一个爸爸。是他们让我看到了希望，是他们鼓励了我：不管怎样都必须再勇敢一点，劝服妈妈们去融化自己家庭里的"冰山"，用爱去唤醒能带领家庭走出丛林的"雄狮"。

孩子没有"英雄"就像小鸟没有飞行路线，天空太辽阔、远超大海，难以想象生命的孤独会为每个人造成多么大的灾难！

 温馨贴

> 生命本身就是能量，父母"活出"的生命状态会以能量的形式传导到孩子身上。这十分微妙，只能意会难以言传。当生命这股流不再供给孩子正向能量的时候，孩子的生命状态将会危如累卵。

不奖不惩教出人格独立的孩子

2017 年 8 月 10 日

> 儿子画了一幅画给他爸爸看，在爸爸即将开口回应的一瞬间，儿子急忙做了一个暂停的手势，然后极其认

真地说:"爸爸等等,你不用说我画得有多好看,我知道自己画得怎么样,你只要说你在这幅画里看到了什么我以前没画过的东西就可以了!"

爸爸心里咯噔了一下,急忙认真地看起画来……

奖励和惩罚的真实画像

有位老人的家门口有一片草地,老人非常享受那片草地的宁静。可从某一天开始,一群小孩常来草地上玩,非常吵闹,老人不胜其扰。但他知道,越是赶小孩走,越是赶不走,那该怎么办呢?老人想了一个办法,他对那些孩子说:"很高兴你们来陪我,明天只要你们来,我就给你们每人1美元。"这群小孩喜出望外,第二天又都来了,这样过了几天,老人说:"孩子们,我的经济出了点困难,只能给每人0.5美元了。"孩子们有些不悦,但也勉强接受了,又过了几天,老人说:"从明天起,我只能给每人5美分了。"孩子们说:"5美分太少了,以后我们再也不来了。"

对这个故事也许大家并不陌生,我每次想起它,那个"老谋深算"的"智慧"老人和那些被迷误的孩子的形象,就会栩栩如生地浮现在我的脑海中。那些孩子本来只是单纯为玩而来,这跟钱扯不上半点关系,可是自从老人的金钱奖励介入后一切都变了。孩子们的乐趣从玩耍本身转到了物质的占有,当物质逐渐减少的时候,孩子们做这件事的意愿就逐渐降低了。只能说那个老人太了解人的心理,他知道当乐趣从最初发自内心的快乐被物质的占有所取代时,内在的天然动力就会被外在的物质所削减,简单说，孩子们的初心丢了！

通过对儿童的大量观察，蒙台梭利发现奖赏或惩罚儿童并不能产生多大的效果，所以她提出了"摒弃奖惩"的理论。她认为，依靠奖惩来实现教育是人类倒退的表现，激发生命潜能实现自我教育才是当今教育的出路。

我们都错看孩子了，他们原本并不贪恋奖励，他们最想要的是可以做自己想做的事情。对于自尊、自律的孩子来说，他是自愿做事，而非贪图成人的奖励。如果孩子必须受到处罚或者奖励才会停止偏差行为，那么他听话可能是怕被打或被骂，而不是自我控制的结果，这样长此以往，会养成孩子"无赏不动，不打不听"的坏习惯。如果总是奖惩，孩子除了不主动以外，也会缺乏自信，做事瞻前顾后，因为他被得失心左右，做事也会失去正确的判断，就更谈不上创新了。

每个人都有特殊的天职，奖赏制度却可能会使一个人转变其天职的方向。人的内心需要的是价值感和认同感，所以对他们的认可、接纳、鼓励会让他们更有动力。

关于惩罚，其实孩子做了不合时宜的事，他们是有自知能力的，所以我们有必要让他们感受一下自然后果而非人为后果。

比如，孩子打碎了饭碗，他一定是最先感受到的，而且天然知道"糟了，这不是一件好事"。愧疚感和恐惧感也会自然相随而生。这时，大人无须再人为加上责骂和惩罚，这只会使他更加恐惧和胆小。如果是小一点的孩子，大人协助他参与整个收拾的过程，让他切身体会到自己打碎了碗，好吃的东西就没有了，而且他还要承担打扫的后果，这就够了。不用为他开脱，更不要责骂他。对大一点的孩子，大人一定要在第一时间沉住气，不骂也不发表言辞，让孩子自己处理，孩子会从心里感激你没有在这个时候指责他，而且会自觉收拾干净。

孩子做错事，我们有些大人会习惯说："你自己去想吧。"这说明你并不了解孩子，孩子虽然有自知的能力，但毕竟缺乏生活经验，大人应该清楚明了地指出问题，然后指引方向。这样让孩子反思的时候，他们才不会神游向外，而是目标准确，思路清晰。大人其实经常做一些毫无意义但又毫不自知的事情。蒙台梭利曾经对教师说过一句话："新型的教师，应该少说、多观察、保持谦逊和蔼，收起那种不许孩子犯任何错误的傲慢。"这很贴切，同样适用于家长。

不打不骂教好孩子才是真本事

中国的传统教育思想认为"棍棒底下出孝子""不打不成才""打是疼，骂是爱"，所以直到今天仍然有很多父母在忠实地信奉着这些观念，自然界每天都会发出很多的声音，其中一种声音可能就是来自孩子的哀哭声。这个世界上最不被理解的就是孩子，最无能的教育就是武力教育。无论从哪个角度讲，明智的父母都应该觉醒了。

我们强烈呼吁：请停下你那举得高高的双手，去做点真正能影响孩子生命的有价值的事，在孩子身上动手是你无能的表现。

理由一： 对儿童施行暴力管教从来没有真正解决过任何问题，反倒亲手教会孩子也用暴力解决问题，世代相袭。被打过的孩子长大后同样会打下一代；没被打过的孩子，大部分长大后也不会打自己的下一代（个别例外有后天因素的影响）。

每每听到父母发出"孩子不打是不会听话的"这样的论调时，我就会有一种莫名的无奈感，因为我知道要改变这种认识不是件容易的事，不是简单的几句辩论和说服就可以做到的。一般持有这种观点的人大部分是在同样教养文化中长大的，你突然让他们放弃这种念头，不能打孩子，他们要么会更加固执，十分藐视我们给出的新理念；要么会瞬间陷入大脑空白：不打，那该怎么办？

我不避讳地说说我自己。从小我自己没被谁靠打来教育过，甚至没被狠狠教训过，我的家人都很善待我，可这并没有让我变成一个无法无天、叛逆倔强的人，相反，我从小就非常自律自强，我十分享受自己管理自己和自我奋斗的过程。在我的血液里压根儿就没有粗暴动手解决问题的"基因"，通过思考去解决问题，这几乎是本能反应，不需要努力克制和掩饰动手的行径。再说说我自己的孩子，他从出生第一天到现在也没有被打过一次，这不仅没有惯坏他，反倒在任何集体里面都趋于自我管理。一群男生在一起打打闹闹也许是常有的事，如果玩得太过了会遭到老师的制止，那么他一定是那个老师一喊就立马找回规则意识的孩子。相信当他再成熟一些，就能够完全自律而不用老师再发声引导了。

没有被外界强制干涉和扰乱自我觉知的人，往往比经常被干涉的人敏感度和自律度高得多。这和"抗药性"是一个道理，经常吃药的人自身的免疫力会下降，所需的剂量和药性必须越来越强，身体才会有反应。所以，在被管教的那群孩子里面，如果有被家庭暴力管教过的孩子，那么他可能就是对老师指令反应最迟钝的那一个。

俗话说"常骂不惊，常打不怕"，有一个男孩从小就被他父亲用各种方式打，从巴掌、细木棍再到粗木棍、皮带。只要父亲一抽皮带，他就一副英勇就义的架势，主动站好抬头说："打呀！你打呀！"孩子在家里被越打越麻木，去到学校里更是无所畏惧，继续惹是生非。

打骂孩子，只会暂时性地吓停孩子的行为，并不能真正降服他的心。只有你的真才实学、人格魅力才能使孩子真正地自愿被降服，指引他走上正确的道路。每年各地都会曝出孩子离家出走的时事新闻，其中绝大部分是为了逃避父母的暴力教育。有的孩子尽管不会离家出走，却是年纪小小已练成了"混世魔王"，就像上面我提到的那个男孩。还有一类孩子则是被打得懦弱不堪、自暴自弃、灰心丧志。

暴力无法解决你想解决的问题，且后患无穷。唯一可能让你觉得有用的是，你撒了气，自欺欺人地显摆了威武。有很多父母自己生活不顺、人生不如意就把火气撒在孩子的身上，将自己没实现的梦想寄托在孩子身上，所以他们比一般的人更加严厉地管教自己的孩子。我们经常说，父母越是打骂孩子越说明自己无能，没有教育的智慧才会采取这种低劣的手段来教育下一代。一个人的威信，岂是靠在一个弱小年幼的孩子身上施展武力来树立的？

有一次，我和朋友两家人一起带孩子去公园散步，遇到一个才两岁多的小男孩。他正处在社会性敏感期，想和别的小朋友玩，但又不知道该怎么加入。于是，他从地上捡起一根长长的木棍指向我们孩子的身后，应该是想用棍子与别人打招呼。朋友看到以后，就友好地提醒小男孩说："棍子会伤到人，请别对着人。"小男孩一听，就把棍子立刻调转了方向，没再重复刚才的动作。可他的妈妈走过来一下子就把他揪到一边，抢下那根长棍打起孩子来。我们立刻上前制止，说明情况，没想到那个妈妈反倒满脸凶相道："你们知道什么，这孩子不打不会长记性，已经跟他说过多少次了，叫他不要玩木棍，闯祸怎么办？"

看她就要说出"不要多管闲事"了，我们也就没再惹她，她越发怒，孩子越受罪。别以为这个事就这样过去了，才过了没几分钟，我们身后突然又传来一声惨叫。原来是那个小男孩的哥哥被打了，还是同一个妈妈。这一次打得更惨，孩子连叫求饶。

这个自以为会教育孩子的妈妈，简直不知道自己是一个多么失败的人，她还大张旗鼓地炫耀自己多么会管教孩子。大庭广众之下如此羞辱两个男孩子，她会为此付出代价的。一看就知道不是第一次了，打了那么多次，孩子都被打畏缩了，也不见得如她所愿不再犯错，那么打孩子还有什么意义？真是为那两个孩子感到惋惜。

理由二：成才不等于成人！有的父母可能会说，许多名人不都是被打大的吗？说实话，有的孩子可能会被打成才，也可能会被打成废才，但这都不是我们真正想要的，我们需要的是孩子"成人"。多少聚光灯下耀眼的面孔，他们背后又有多少鲜为人知的人生黑暗历程。他们仅仅成为某个领域的所谓的高手、名人，但收获名利并等于成为人生的赢家，他们内心的暗礁和痛楚只有自己才知道。

传记类剧情片《我，花样女王》，讲述的是美国花样滑冰选手托尼亚·哈丁被暴力狂母亲逼成了世界瞩目的冠军，但同时自己也成为一个满口粗话、性情狂躁的人。在十几岁刚刚逃脱暴力的母亲，摆脱了贫困后，却又一头栽进了一个有暴力倾向的丈夫手中，后来丑闻缠身，最终与幸福无缘。她那句悲惨的哀诉令人心酸：我没有受过什么教育，除了会滑冰，其他一样也不会。

我们不要用外表看得到的所谓成功的个案去激励自己"不打不成才"。

成才和成人之间的区别是巨大的，蒙台梭利也曾经说过：我们不是在制造天才，而是在培养正常的人。正常的人格、健康的心灵对于一个人的一生来说是多么重要。

理由三：为了表面的顺服，你可能付出了不可挽回的代价。在上奖惩课的时候，我采访过所有上过蒙氏父母课的学员：如果自己被惩罚，你是否会感受很好，发自内心觉得惩罚者是对的，自己应该感激并马上改正？你是否能在被惩罚的时候，很冷静地快速想出解决办法来？几乎没有一个学员说："是的，我会这样做。"被严惩的孩子满脑子想的是，如何逃避责难、如何反驳对方，怎么可能会如父母所愿马上改正或者有冷静的解决方案呢？父母打骂孩子，只会越打越愤怒，越打越没边界。

孩子天然的边界感在成人的惩罚中逐渐被淡化直至消失，他会以"会不会被罚"而非"该不该做"为做事的边界。这是孩子长期被不正确对待的结果。生命自身的崇高和尊贵感早已在孩子的内心荡然无存，最终无论是父母还是孩子，其失去的都比得到的多。不打不骂就能教出一个好孩子，那才是父母的真本事。不打该怎么办？

1. 用优势启动孩子的独特人生。

一个男孩被学校和家人认定为问题学生，被寄养在特殊管教的学校。那个学校从校长到老师，通过严厉的体罚和恐吓没有帮助到男孩，反倒使男孩越来越叛逆，直到一个不起眼的音乐老师发现了他的音乐天赋，他的人生才发生了翻天覆地的变化。老师让孩子用自己的天赋修复了其创伤的心灵，在追随梦想与专注于优势的途中，改变了自己的人生。这个男孩最后成为世界著名的音乐指挥家。那个音乐老师没有用过任何的武力，而是用人性的温暖改善了整个学校孩子的精神面貌。这就是有名的法国电影《放牛班的春天》所讲述的感人故事。

我们建议家长与其打骂孩子来让他变好，不如花工夫好好观察自己的孩子有什么优点和特长。你要关注和发挥他的优点，当人感觉到有价值、有尊严时，自然会把精力投入到有价值的事情上去，没空也无须违反规则。

2. 你的教育环境要跟得上孩子的发展，不要只会打孩子，而不知道怎么教孩子，教育≠教鞭。

有一次，我们蒙氏电台收到一位家长的留言，大意是这么说的：1岁7个月大的女儿，因为要爬到大人的书架上去拿书而被爸爸打，无力说服爸爸的妈妈只得向我们求助。当我看到这个提问的时候心情十分复杂，本来解决起来很简单，给孩子布置自己的阅读区、配置小书架就可以了，但复杂在于这肯定只是这个家庭的某个问题而已。如果大人不知道如何用家庭环境满足孩子，不知道教育的正确方法，爸爸也没有认识到打骂孩子的不良后果，那么解决了孩子拿书的问题还会有其他层出不穷的新问题！

环境能够帮助你解决许多人为所不能解决的问题。就算你实在不会布置或者没有条件布置家庭环境，有一点你一定要记住：年幼的孩子要做什么事，就说明他有探索和发展的相关需要，请尽快给孩子可满足发展的材料和环境，而不是阻止或者打骂孩子。如果有孩子实在不能做的事，也要多次耐心而坚定地告知孩子就可以了，没有教不会的孩子，反倒是暴力的介入才会改变孩子的本性。

3. 你和孩子搞好亲子关系比什么都重要。

我们知道，良好的亲子关系＋管教＝顺服；恶劣的亲子关系＋管教＝叛逆⊖。只有孩子信任你、亲近你，对你跟他说的话、你的感受、你的期

⊖　该公式出自"六A品格根基教育"。

望他才会特别上心而愿意接受，所以，当你走到打骂孩子的这一步就说明你在试图走教育的捷径，因为你不想花费过多的时间、精力跟孩子培养感情，建立亲密的亲子关系，而是想通过压制的方式立竿见影，但真相是：教育没有任何捷径，只有生命影响生命。

 温馨贴

◎ 不要再为"打孩子"找任何的理由。每个人能被看见的外显特征其实是很表象和浅显的，绝大部分是潜藏在他内心看不见的"冰山"。我们今天的性格、思维都和幼年时的经历息息相关、紧密相连。既然不奖不惩培养出来的孩子更优秀，何不把孩子的人生舞台留给他自己呢？我们不希望听到长大后的孩子只是对我们说："谢谢父母的严格管教使我成就了今天的事业。"我们希望听到的是："感谢父母给了我一个美好的童年和完整幸福的人生！"

◎ 我最担心的事情就是父母们太偏激，不打孩子便干脆纵容孩子。管教不等于打骂，不打孩子不是说不能管孩子。管教孩子在于父母要有具体的方式方法，让孩子在相对合理的规则下成长，而不是把孩子只身扔进无边无界的黑暗海洋。

童心陪伴

2016 年 11 月 2 日

　　学无止境，最近我又重新观察教室外孩子们在一起都喜欢玩些什么，说些什么，就连他们之间的谈话，我都一字不落地记录下来。因为我想进一步研究孩子的社交方式和思维方式，也想在过去"高效陪伴"的基础上，摸索出一个更能拉近亲子关系的陪伴模式。

　　今天我趁儿子不在的时候，好好"备了一下课"，准备等他放学回来先拿他试试我的最新"研究成果"。

　　他回家后像往常一样先进了自己的工作室，我紧跟其后，当他提议一起玩陶泥的时候，我表面答应得很爽快，但其实心里还是吸了口气，一玩这个工作就得做好"弄脏"的准备。

　　我和他一边玩，一边用最近偷学来的小朋友的说话方式跟他"神聊"。他越玩越高兴，比平常都放得开，我们两个人手上、围裙上全是泥，桌子和地板上也滴了一些蓝色颜料水。因为要得到客观的结论，所以我心里虽然几次想干预和提醒他，但还是忍住了，不停地说服自己像个孩子似的去享受过程。

　　我们一直玩到爸爸进来喊吃饭才收拾现场。我看

> 到了儿子脸上无比的喜乐和甜蜜，他在擦地板上的颜料水时，竟然做了一个让我现在想起来都觉得开心的动作（已过去了 5 个小时）。他轻轻凑过来在我的额头上亲吻了一下说："妈妈，我觉得我更爱你了。"

后来，我就像发现了孩子这方面的密码一样，又交到了几个小孩朋友。我也从那次跟儿子有点"做作"的试验状态渐渐自然自如起来。越和孩子在课外相处，越让我觉得小孩这种地球上最神秘的生灵是那么洁白空灵，我们这些充满了规条、得失、对错的成人难以配得上孩子还未完全"下凡"的灵魂。换个角度说，要是大人都不用心去理解他们，他们将多么孤独和因孤独而叛逆。

为什么孩子可以和自己的同伴打打闹闹、嘻嘻哈哈、无忧无虑？为什么只要有合适的小伙伴，连妈妈都不是互动的首选？为什么他可以跟小伙伴无话不谈，而跟大人要有所保留？

在多重身份当中，我们父母最难扮演的那个角色是孩子的朋友，之所以这个身份不是哪个父母都担负得起的，是因为我们早已失去了一样宝贵的东西即"童心"。我们扮演保姆没问题，扮演管教者没问题，不少父母还觉得自我感觉良好（尽管没几个人真的"会管"），而要说扮演孩子的朋友，虽然很多父母都这么想，却没有多少人是可以做到的。

1. 孩子之间没有"法官"，没有"老师"。

谁也不会评判谁，说教谁。"我今天不小心把我妈的香水打翻了，我跟她说了对不起，可她还是很生气。""我也把我爸爸的刮胡刀弄坏过。""我妈每次只给我买一个冰激凌，我想多吃一点都不行。""我妈连买都不给我买。"请试想如果是你，你会怎么聊这个事呢？也许你会这样接应第一个孩子的话："肯定是那瓶香水很贵，你妈才会那么生气的。小孩子本来就不应该乱拿大人的东西！"你可能会这样接应第二个孩子的话："你妈妈是为你好，小孩吃冰激凌本来就不好。"到底是谁不会聊天，是谁不会交朋友？当我在整理孩子的这些对话时，笑了，也被清脑了：终于知道为什么孩子不能和父母聊天了。细细看他们的对话，不正像我们现在社交心理学上的"共情"吗？他们有一句没一句的应和，表面看不能解决什么问题，但是他们的心灵找到了伴儿，会滔滔不绝地交谈下去。孩子就是喜欢孩子之间的那种相似，喜欢彼此间那种发散思维带给自身思想上的自由和奔放，他们在一起时既没有负担又得到释放。

2. 孩子之间没有"精算师"。

他们既不需要也不会随时计算着什么值得和划算，所以不会为一点点得失而计较。"我可以用我的小汽车跟你交换泡泡糖吗？""我们把这个三明治喂给小狗吧！它看起来好饿啊！"

3. 孩子之间的对话很平等、开放、发散、搞笑，没有总结式的那一套。

如果哪个小朋友不小心把水洒了，绝不会出现另一个孩子总结式的发言："所以你看，不小心就会做错事，以后要小心点，人还是稳重一点好。"对此，孩子要么相互一笑了之，要么冲上前去帮助打扫，要么一个还会问问另一个"没事吧"。他们表面上思绪无边无际，东一句西一句，实际上他们营造的是没有束缚、压力和限制的可以帮助人无限想象和发展的氛围。

当然，我举这些例子并不是说，身为成人的我们说话做事都要变回孩子，孩子有孩子做不了的事情，我们有我们不可取代的作用和使命，找回童心是为了让孩子的心灵不孤独，为了让孩子更加适应世界，不要因为父母的不理解而与父母为敌，与世界为敌。我们走进他们的世界去陪伴和拥抱他们，他们有朝一日才能积极阳光地回应这个世界对他的感召，也能渐渐理解我们的用心。

后来，我把这种相处方式引用到陪伴模式中，称之为"童心陪伴"！陪伴就像滴水穿石，一滴两滴看不出有什么影响，但是时间长了，什么样的陪伴就会结出什么样的果子来。并不是只要是陪伴就都是好的，没有质量或者说对孩子有负面影响的陪伴对孩子反倒有伤害。大量证据表明，父母跟孩子互动的方式，对孩子成年以后的行为模式和思维方式有长远的影响。

我观察到很多父母陪伴手机的时间，比陪伴孩子的时间还要长，尤其是爸爸，似乎手机才是他们的孩子，其耐心也有所不足，比如：游戏一关打不过，他们会不厌其烦地继续打，可是孩子哪里做得不对或者不太好，他们就很难容忍了，显得很没有耐心。他们的"童心未泯"表现在补足自己上，而非孩子身上，甚至有时候还有一点点自私。

有一次我在培训课上提到"雕像式陪伴"时，引起了家长们的高度共鸣。好多妈妈把矛头指向了爸爸。她们说自己孩子的爸爸就是"雕像式陪伴"，大人和孩子没有互动、没有合作、没有欢笑，只顾自己玩自己的。爸爸们把陪伴理解成了一种存在。

"童心陪伴"简单说就是怀着一颗童心（乐于好奇和探索的心）去陪伴孩子，也可以说是走进孩子的世界去陪伴孩子。只有真正进入孩子的世界，我们才能发现孩子，帮助孩子。

幽默感的重要性

有时候，家庭中有一个喜欢陪着孩子各种玩闹的爸爸未必是坏事，就怕没有这种爸爸。他不仅给孩子满满的自由满足感，还给予孩子更重要的安全感。如果爸爸幽默有趣，就意味着他不刻板、不苛刻，孩子在他陪伴的环境下放松、自然、快乐，那么长此以往孩子的性格也趋向阳光、开朗，看上去就是活泼健康的。如果爸爸心胸狭窄或谨小慎微，是很难有幽默感的，他们对孩子的教育方法严厉呆板，主要是说教、讲大道理等，由此孩子很容易紧张、胆怯、叛逆。

记得有一次我采访一个身边算得上很成功的人士，他的回答令我记忆深刻。我问他："是什么让你现在这么成功？"他说："我很感谢我的童年里有一个幽默的爸爸。每当我遇到麻烦或者困难时，我就会想起幽默豁达的爸爸是怎么做的。可以说，他深深影响了我的人生。"

他这个很特别的回答引起了我极大的兴趣，于是我开始研究幽默感对孩子的教育意义。经过一段时间的努力后，我也成了这个观点的支持者。因为我看到和亲自实践体验到：当你在孩子面前表现出幽默的智慧，他们就会十分开心，十分愿意接受你、亲近你、信任你，然后他们自己也会开始变得幽默起来。有幽默感的小朋友总是很受欢迎，他自己也越来越自信、阳光。

爸爸都是很有幽默天赋的，如果不发挥在育儿领域，实在是可惜了。我们从两组对话中简单来看，在有幽默感和没有幽默感的爸爸的带动下，孩子的反应到底有什么不同？

儿子：爸爸，我太想现在就吃一个冰激凌了。

爸爸：什么？大清早的你就想吃冰激凌，你真是越来越不像话了。你忘了医生是怎么说的吗？

儿子：我就想要吃。

爸爸：不可以！赶快吃早餐。这才是你现在应该吃的。

孩子哇的一声就哭起来了，爸爸觉得孩子真是无理取闹，也开始压抑不住了，发起火来……

面对同样的问题，另一个爸爸的处理方式如下。

早餐前，孩子：爸爸，我太想现在就吃一个冰激凌了。

爸爸：这一点儿都不奇怪，我的胃醒得比你还早呢，我刷牙的时候就想吃两个冰激凌了。

儿子听着来劲儿了：我比你还早，我才醒过来就想吃一堆冰激凌了。

爸爸：我想把商店里的都吃掉。

儿子：我想把全世界的都吃掉。

父子俩你一句我一句，就这样逗乐起来了，后来当儿子发现已经没有可以比爸爸更厉害的说法了，他就反问起来。

儿子：爸爸，你吃得了那么多吗？小心胃被撑炸！

爸爸：吃不着还不让我想想啊？

我们再来看另外一组对话，儿子拿着碟子不小心摔了一跤，两位爸爸有不同的反应。

爸爸：我早就跟你说过，走路小心点，你就是不听，总是东张西望。看，现在没有碟子吃东西了吧？

孩子不知所措，哭了起来。

爸爸：哭有什么用，赶快想办法处理地上的碎片。

蒙台梭利曾经指出：成人对物品的过度保护和对孩子的指责，让孩子的内心不得不自卑。这位爸爸的反应很容易让孩子误以为碟子比自己还宝贵，而另一对父子就轻松多了。

> 儿子：糟了，我把碟子打碎了。对不起，爸爸。
>
> 爸爸：还好我儿子的屁股没有被打碎。
>
> 父子俩都被逗笑了。

孩子除了感受到爸爸的包容，还强烈感受到爸爸对自己身体的关心。这对孩子内心的锻炼是有积极意义的，它会影响到自己以后看待事物的角度。发自内心而言，这些爸爸对孩子的爱应该是无殊的，但他们的表现对孩子的影响是截然不同的。

和孩子一起玩童心游戏

蒙台梭利主张，孩子在工作中发展和完善自己，她反对一些毫无实际意义和目的的空想游戏。出于对孩子独立和健康人格发展的考虑，我的确不鼓励孩子去做很多脱离生活实际的幻想游戏，但并不是所有的游戏都不能让孩子去玩。

作为蒙氏父母，我认为不用在工作与游戏之间太过纠结，家庭环境和教室环境始终还是有区别的。在家庭中，只要是孩子自发专注地运用实际材料从事有意义的活动，我们都可以认为孩子是在工作，但是这对于孩子来说，也许只是在"游戏"。轻松、自由、愉快的活动对于孩子来说更重要。

孩子都喜欢游戏，而且喜欢和别人一起游戏。当孩子邀请你参与他的游戏时，只要是你有时间的情况下，无论游戏多么简单幼稚，你都不要显得不耐烦。你不把自己当成孩子，你怎么了解孩子呢？

比如，孩子跟你玩枪战或武术游戏的时候，也许他需要的就只是你配合他倒下或者做些动作以示回应；他跟你玩捉迷藏每次被找到时，你都表现得和他一样惊讶和惊喜等。就这么简单！

越和孩子融入游戏，家长越能及时掌握孩子的发展信息和心理活动。若你想一直在孩子的成长过程中占有最好的观察领地，不被他踢出局，你必须真正地抱有童心融入孩子，否则很快就会被孩子发现你的别有用心和呆板无趣。

温馨贴

每个人的童年都无法用这个世界上任何有价的物品去衡量，时光一去不返。唯有童心还有机会重遇，那就是当你为人父母时，是孩子给了我们一次找回童心的机会，而不是孩子耗尽了我们的青春！

小草对一片秋叶抱怨道："你落地时的声响太大，惊断了我一冬的美梦。"秋叶愤怒地说："你这出身卑微、住所低贱而又没有乐感的东西！你不曾高踞于空中，当然无法了解自然之歌的美妙音响。"然后，秋叶在泥土上躺下来开始长眠。当春天来临时，她苏醒过来——昔日的她已经长成了一棵小草。秋天又至，小草渐渐堕入冬梦。满树的秋叶簌簌而落。小草咕哝起来："这些讨厌的秋叶弄出这么大的声响，惊断了我一冬的美梦。"

——纪·哈·纪伯伦

第 5 章

蒙氏父母的内在修炼

不凡的教育给人以启迪，平庸的教育给人以方法；
伟大的教育服务灵魂，平凡的教育服务身躯。

爱到刚刚好

2018 年 3 月 10 日

> 吃完晚饭，儿子在沙发上双手抱着肚子说，肚子有点疼。我帮他轻轻揉了下肚脐周围，正准备离开去拿衣服的时候，被儿子一把拉住说："妈妈，你先不要走，再陪我一会儿。"我说："我拿件你的外衣就过来。"他继续紧拉着我，不让我走。我只得又坐下来再陪他一会儿，我问他原因，他回答我说："有妈妈在，就不怎么疼了！"

被爱喂大的孩子

爱，是孩子最好的"营养品"，没有之一。

生命之流若没有爱，流向的就是死亡。教育若没有爱，将与驯兽无殊。

当孩子说自己被爱喂大时，你会有什么样的感觉呢？当我第一次听到这话的时候，感觉身体都要融化了，世界也仿佛瞬间披上了温暖的颜色。

那是一个普通得不能再普通的晚上，我和六岁的儿子在收听一个故事节目，节目的片头语就是："用故事喂大的孩子。"我对这句话比较有好感，等听完故事就很好奇地问儿子："刚才那个姐姐说，她是用故事喂大的孩子，那你是用什么喂大的孩子呢？"儿子竟然不假思索地答道："这还用问吗？我是被爱喂大的孩子。"

儿子的回答激发了我泉涌般的思考。是啊！爱是父母给孩子最宝贵的精神储蓄，这是他到老都还会支取的"财产"，父母怎能让他回望童年的时候伤心？"爱"这股神奇的力量无法解释，却真真切切地出现在生活中的任何角落，正如下面这个身边平凡而真实的故事。

在我们家附近有一对湖南的老夫妻，他俩开着一家五金店。我们常年从店门口经过，从来没有见过他俩脸上有过任何笑容，就算有人跟他们买东西也如此。他俩每天的生活，除了跟那些五金杂货打交道，就是两眼无光地守坐在店门口。

突然有一天，当我们再次经过那个门店的时候，发现一切都变了。"原来那个老人也会笑啊！"我和孩子爸爸都惊奇地互望了一眼。老婆婆抱着一个五六个月大的婴儿满脸笑容地走了出来，边走还边逗着婴儿笑。老爷爷反应也好像快了好多，马上就去接应过来，抱着小婴儿到处转啊转。

我情不自禁地想起，这不就是蒙台梭利所说的"儿童能唤醒人们的爱，和儿童生活在一起能使人变得温和、亲切"吗？两个我们都差点误以为不会笑的老人，竟然因为一个婴孩的到来而面容大改，前前后后完全判若两人。

后来才知道那是儿媳妇带着孩子从老家过来了。

从那以后，我们每次经过他们家，感觉都不一样了，不是孩子的笑声，就是孩子的哭声，一股生气扑面而来。无疑，是孩子的到来改变了这个死气沉沉的家。

生命之流的奥秘就是爱把生命连接在了一起。我们和孩子之间的终极关系就是"爱的关系"！

那么，什么是爱？如何爱孩子？这也许是有待突破的难点，因为爱是一个非常难以准确定义的、复杂的、抽象的概念。蒙台梭利说，爱是宇宙最伟大的能量，宇宙万物的由来和存在都是因为它，生命的繁衍和物种的存活也都是因为它；而也许某个妈妈说，爱就是给孩子吃饱穿暖，没灾没难就好。也许，我们不该对爱抱以等级和对错之分，但我们可以了解不同的爱对孩子的影响是有所不同的。你是用什么喂大孩子的精神体，取决于你是怎么去理解爱，正如以下区别。

按照意识层面划分

本能的爱：养活孩子。

有觉悟的爱：养好孩子。

觉悟到刚刚好的爱：育好孩子。

按照行动功能划分

毁掉孩子的爱：替孩子做。

进化中的爱：帮着孩子一起做。

刚刚好的爱：协助孩子让他自己做。

健康的食物滋养身体，健康的爱滋养灵魂。对于养育儿女，所谓健康的爱一定是刚刚好的爱，过之是溺，缺之是欠。

温馨贴

◎ "玩"不够，学不好！

◎ "爱"不够，飞不高！

◎ 当孩子的内心充满了妥妥的爱和信任，他就能展望并去征服更辽阔的世界，他笃定当自己闯荡而归的时候，那份舐犊之爱总还会在原地等候着他。

◎ 当孩子的内心充满恐惧和"饥渴"，世界于他就仿佛没有了生命，他宁愿抱着能抓到的人不放，也不愿奋力一搏。他不确定当自己回来，那本来就没有生根的爱还在不在。

成长需要适当的"留白"

我的孩子早期画画时很是"浪费"，一张白白的纸画几笔就不画了，而且还坚决不翻过来画背面。后来他又开始喜欢"满画"，画得非常密集，巴不得整张纸都被画满。"其实一幅完美的画作不见得到处都被画满"这句话多少次到嘴边我又强迫自己咽回去了。我们开始寻找一些机会带孩子看画展、摄影展、书法展，坚持不教导他用我们的眼光去评断作品，让他自己多看、多感受、多思考。我们始终相信只要是美的东西，孩子也能感受得到，不想让我们的想法先入为主。

慢慢地，一切向真理靠拢：美的东西孩子自然有感应。他画着画着，画风转了，从一开始画得很密集到不怎么密集，再到他会开始事先布局了，没有人说过他，他心中对美的理解和向往在一点点引领自己去做出调整。他 6 岁时虽然画人画物还是很一般（他没有学过任何技法），但是其画面布局发生了很大的变化，整体看起来舒服多了。

艺术需要适当的"留白"，才有想象的空间和视觉上的享受，而孩子呢？孩子成长的本身也需要适当的"留白"，具体说来就是：

- 不要把孩子的大脑塞得太满，无论是知识还是道德。一定要有足够的空间让孩子实现自己教育自己，完好地保留自我觉知。自我教育可以帮助孩子终身成长，而被动教育却会让孩子的成长停滞不前。
- 不要事事过问和发表意见，要给孩子留有自己的自主空间。过度的关注会让孩子的成长空间受限，也会给他们带来不小的压力。
- 不用要求孩子永远是对的。
- 不用要求孩子每分钟都精彩。

有时候我们爱孩子，会喋喋不休地对孩子问这问那，还会事事帮着他出主意，事事点评，这样的爱就像那看了会令人窒息的"满画"毫无美感。

某天清晨 6 点钟，儿子就来到我的床边叫醒了我，我知道他肯定又是做特别的梦了。

妈妈："儿子是做什么梦了吗？"

儿子："是的，我很伤心！"

妈妈："是梦到什么了呢？"

儿子："我不想说，你就别问了。我现在很伤心，不想再睡了。"

说完就自己穿好衣服到客厅开灯看书去了。

后来，我并没有再追问，虽然心里还是很想知道，但他的那句"我不想说，你就别问了"让我及时意识到，孩子已经到了一个有"小秘密"的阶段，以前他不会这样的，有什么事一定会说得清清楚楚。没过多久，6岁生日一过，他的水杯在学校被弄坏了，他回来后也只是轻描淡写地告知了我们一声，就没再说什么。当他爸爸问起它是怎么坏的，他重复了两次："他不是故意的。"我们想知道他在学校的真实情况就多问了几句，但是他遮遮掩掩乱说了一通后，又说是自己弄坏的，总之我们感觉得出来，他真的不再是过去那个叽叽喳喳的小小孩了，他有了想维护的关系、想保护的人或事，他不希望我们大人介入。

成人的过度关注，何尝不是一种障碍呢？如果我说有些事父母要选择适当"放水"，请不要诧异！我们需要给孩子留下自尊和自立的空间，让他们自己去察觉、去完善。比如，他们吃饭时不小心弄掉了饭菜，玩水弄湿了衣服，走路东张西望滑倒了，自己的玩具被玩坏了等，我们首先要做的不是及时反应，而是忽略（故意装作没看见），观察孩子处理问题的态度和方式方法，给他足够的空间去解决问题。如果孩子对错误没有意识，我们最多也只需要做到提醒他就好，若他主动求助，我们再协助处理。这是训练孩子自知力和解决问题能力的绝佳时机。

因此，适当的"留白"也包括允许孩子有犯错的体验。一般不伤及他人和环境的错误，我们出手干预就是多此一举。每个孩子都有不同的成长"停滞期"和"迂回期"，哲学上有种形象的说法——"螺旋式上升"，蒙台梭利也提到过这个概念：儿童成长各阶段并非呈直线式上升，而是像螺旋楼梯一样上升。换句话说，就是不用要求你的孩子时刻都精彩，他们也一样需要时间和空间将自己吸收到的东西完成内化，甚至需要质疑、验证、倒退、再前进等。有的父母看到孩子专注做完一件事后，偶尔"发呆"

或者有一段时间又返回重做，他们对此会有所顾虑，担心是不是孩子不正常，其实这完全没有必要。孩子不会无缘无故浪费生命和时间，他们为生存和学习所做的每件事情都是有特定意义的，这种发展期的"留白"有助于让孩子更加健康且有准备地成长。

温馨贴

◎ 美国作家苏·帕穆尔（Sue Palmer）在为萨利·戈达德·布莱斯的《孩子真正的需要》这本书作序的时候，这样写道："当今的父母越来越难向孩子供应出两个非常重要的日用品。一个是时间，另一个是爱！"

◎ 当孩子越来越不能从父母那里支取这些必备的供应，生命之流将面临精神上的"枯竭"。反之，如果父母创造出了有序而健康的家庭能量，孩子也会因此而灵魂丰盈！

孩子有成堆的黄金与珠子，但他到这个世界上来，却像一个乞丐。

他所以这样假装了来，并不是没有缘故。

这个可爱的小小的裸着身体的乞丐，所以假装着完全无助的样子，便是想要乞求妈妈的爱的财富。

——泰戈尔

情绪是一生的"伙伴"，请和它友好相处

2016 年 8 月 26 日

傍晚，孩子爸爸说了孩子几句，孩子气鼓鼓地来到我的书房，门一关就直接找我告状："爸爸怎么会这样对我？他以前都不这样对我的呀？"

我没说话，拍拍他的后背。

他继续自己嘟着嘴说："爸爸这样做是不对的，他这样就不是好爸爸了。"

"爸爸这样，我以后就不对他贴心了，我只对妈妈贴心！"他说着把头送进了我的怀里。我依然没说话，只是顺了顺他后面的头发。

片刻的宁静过后，他突然抬起头说："爸爸生气，我要是亲亲他，黏在他身上，会怎么样？"

我说："你可以试试看！"

……

大概一两分钟以后，我就听到了客厅传来的笑声。

我真是"无为"到了极致，什么也没有为他做。不过事实证明，我没做还好。

人人都想摆脱不良情绪，可是它却终身伴随着每个人。既然"甩"不掉，何不与它交个"朋友"呢？也许它并没有那么坏，它的存在至少证明，我们还正常地活着，没了它只有两种可能：要么死了，要么傻了。

不良情绪可能包括愤怒、嫉妒、失望、悲伤、不快乐、抑郁或偶尔的焦虑等。父母是情绪的高峰体验者，他们因为孩子一会儿感觉自己是世界上最幸福的人，一会儿又感觉自己是世界上最不自由的人，一会儿看着自己的孩子像天使，一会儿看着他像恶魔，一会儿巴不得把孩子爱到融化，一会儿又想把孩子揍个半死。都说孩子的脸是七八月的天，一会儿太阳一会儿雨，父母的脸也没好到哪里去。

我采访过很多来我们学校上课的父母，大家一致认为，不良情绪是他们教育子女最大的障碍！

没错，这些不良情绪的确挺坏事！

然而，试问：人是不是脱离了不良情绪就一定能幸福？

恐怕第一直觉是，谁不想把不良情绪碾碎并抛弃，离自己越远越好。逻辑很简单，如果是因为不良情绪阻挡了自己幸福，那么干脆没有情绪，不就幸福了吗？

果真如此吗？多少梦想拥有财富的人，当真的有了享用不完的财富后，就变得幸福了吗？多少梦想摆脱痛苦和麻烦的人，当真的摆脱它们后，就变得幸福了吗？我们内心知道答案。有幸福能力的人在各种情况下都能给自己创造出幸福，没有幸福能力的人给他再好的外在条件，他依然可以把日子过得一团糟。幸福与信息本身无关，与自身处理信息的能力有关！

人的主观能动性一直在默默运作着我们的人生，而这种特性的秘密就藏在所有孩子的那句"让我来"里。一个从生命的开始就成长自助化的孩子，他的主观能动性会自然而然显现出来。他现在能通过自己的努力解决扣纽扣、穿鞋子、夹豆子等问题，将来也能解决更大的问题；他现在有权自己决定想哭多久就哭多久，什么时候想笑就笑，将来也能管理自己更多的情绪。这是人主动思维被完好保留下来的表现，而从小被剥夺主动性的孩子（包办型父母和阻止型父母），不用到上学的年纪就已经被固化了，从思维到行动都很被动。

父母看到孩子悲伤、痛苦、生气，心里都很在意，十分迫切想帮助孩子马上快乐起来。所以在孩子哭的时候，就会有父母使用极端的方法刺激孩子马上转入另一个频道，那就是笑起来，仿佛只有使孩子笑起来，他们才不会有罪恶感、内疚感，孩子也才是正常的一样。孩子每次都不能自然地自己转化情绪，不是被命令立即停止哭泣，就是被刚刚伤害自己的成人很奇怪地逗笑。这会严重妨碍孩子形成自己转化情绪的能力，给将来留下处理情绪问题的障碍。可以说孩子活得很真实却没有尊严，连情绪都要被成人操控。孩子从小被灌输"哭是不好的"，长大了遇到挫折或者难题，就会习惯性地选择逃避事实和逃避自己的真实情绪。我们会活得对自己越来越陌生。

再者，成人处理孩子悲伤情绪的有些方法时常打乱孩子的正常发展。孩子看到生命消逝或者弱小可怜的现象，都会出于本能的同情产生悲伤的情绪，然而成人经常做着"自己都不知道自己在酿什么酒的工作"。他们看见孩子悲伤，感觉他脱离了快乐的轨道，会情不自禁出手相助。他们告诉孩子：这没什么，不就是一条小鱼嘛，不就是一只小猫嘛，不就是好朋友搬走了嘛，不就是心爱的玩具丢了嘛，快别哭了，没什么好哭的，来来来吃颗糖就好了……这到底是在做什么呢？你是在培养一个未来没有基本情感的人吗？如果现在他心爱的小动物死了，心爱的小伙伴走了，他都不会悲伤，没有同情，那你敢想象以后他会发展成什么样吗？

每个人的欢笑和眼泪同样重要！这是成长的标记。父母不能一厢情愿地带走孩子的失望、悲伤和痛苦。情感丰沛可以使人格高贵。父母的工作不是天天让孩子快乐，而是要帮助他们人性化地处理自己的各类情绪。教育不是让孩子变得完美无瑕，而是引导孩子更有人性。

孩子的真实感受是非常宝贵的，他们不用去重视表象，不用在乎别人的眼光和评价。而成人为此付出了高昂的代价。我们时常暗示自己：哭泣是懦弱的，失败是不好的，贫穷是屈辱的，耿直是会吃亏的等。于是，我们牺牲了幸福感、安定感，甚至创造的能力。

当不良情绪发生时，接纳不良感受会让人更容易走出情绪，而否定不良感受会让人失去理智。比如，孩子正在为他刚死去的小动物悲伤难过，你帮助他的方法有两种。要么你试着温柔地询问他："我看到你很伤心，我能帮上什么忙吗？"要么等他过来找你哭诉的时候，你肯定他的感受说："真没想到你心爱的小鱼死了，你心里一定很难过。"我们这样做，不仅能帮助孩子锻炼他们自己的情商，还能让孩子体验到自己的完整性。他会明白自己发生这些奇奇怪怪的感受，原来没有什么不对的，这是很正常的。

关于不良情绪，我们需要做的只有一件事，那就是：去承认并管理它，而不是逃避或控制它！

情绪是可以被量化的

有效的情绪管理就是要学会去量化它。

每每说到这个发现，我都要感谢那些曾经令我痛苦而煎熬的岁月。痛苦中的"自我求释"让我意外发现了这个秘密。"求释"的过程其实就是和自己心灵对话的过程。我在极度痛苦和灰心的时候，用仅存的最后一点力气（理性）问自己："这真的已经到我承受的极限了吗？"我的大脑收到这个提问后，本能地瞬间启动工作，转向了思考："是啊，真的是极限了吗？要是现在就去做此刻最想做的事会怎么样？不去做又会怎么样？"思考渐渐变成了分析，分析着就暂时忘记了情绪。后来我又接着问自己："如果把痛苦分为十格，现在是第几格？"大脑一收到提问又程序化地执行起了指令，进入了新的思考。等我都想清楚了，情绪早已没有了生存的土壤，因为理性最后战胜了情绪。

几次过后我若有所悟，多方考查这方面的资料，终于获知原来在脑科学上，我的那些做法是有理论依据的。我和自己对话引发了大脑上层管理部门的工作（前额叶皮质是脑部的命令和控制中心，负责决策和自控等较高层次思考），一旦这个部门出动，下层大脑（原始脑）就会被"驯服"，避免冲动无理性的行为。再后来，当我看到丹尼尔·西格尔和蒂娜·佩妮·布赖森合著的《去情绪化管教》[⊖]一书时，更是证实了我的结论。书里提到："上脑的某个叫作腹外侧前额叶皮质的区域是负责指认、标注以及处理情绪的，它会允许富于思考和理性分析的那部分大脑来接替并平复已被激怒的下脑，不会放任敏感又情绪化的下脑掌控全局，指挥人的感情和反应。"

这就是本节开始的日记里我"无为"的原因，孩子生气了还能用清晰的语言和思路讲话，左一个"这样"右一个"那样"的自问自答，那就说明他能自己帮助自己，无须我插手。我若插手使他们和平相处，那么成就便是我的了，他无法对自己自信且下次依然不会处理。

很多人不能在生气的时候冷静和控制情绪，就是因为他们没有让上

⊖ 西格尔，布赖森.去情绪化管教 [M].吴蒙琦，译.北京：机械工业出版社，2015.

层大脑工作，任由冲动的下脑狷獗地操控自己的下意识去说话行事，而当事后冷静时又对自己的言行极其自责和失望。调动上层大脑参与进来工作的最佳途径正是向它发送问题（与内心对话）。不管你想不想回答、会不会回答，一旦开始思考和呼唤内心感知，便会很自然地进入分解情绪的流程，这会在无意识状态下完成，不用特别去关注，你只管"问自己"就好。

不过想实现这种神奇体验需要一个前提，那就是在你察觉自己要动怒时，先回避一会儿，找个独自的角落来向自己"提问"。

管理情绪我们大致分以下两个步骤。

第一步：面对和接纳自己的情绪。那是来自你身体最真实的感受，否定它就等于与自己为敌。我们要先面对和承认它：是的，现在我十分生气；是的，我现在内心非常痛苦；是的，我现在十分绝望……

第二步："提问"。我总结了以下几个连锁问题，可以有效帮助我们无意间量化情绪。以生气的情绪为代表，其他情绪相应代换即可。

1. 我现在生气到几格了？（以十格为满格）

2. 这真的是我所能承受的极限了吗？

3. 他（她）真的不可原谅吗？

4. 我最初的目的是什么？

5. 如果我把我的气全部撒出来，目的是否可以达到？

如果问到这里你已经平静了不少，那么就达到目的了（一般有反省习惯的人到第二个问题就会放弃爆发，选择延迟处理了）。如果自我判定已经到极限，你不想原谅对方，想闹个鱼死网破，那么还需要再问自己一个问题：

6. 我是否愿意在放弃之前，最后再换个说法（做法）试一试？

如果统统无效，最后一步就只有强迫自己撤离环境，出去转一圈或者跑步运动都可以，总之不要在情绪平复前做任何决定和命令，每推后一分钟我们的决定可能都会不同。

当你自己从情绪中摆脱出来，向对方坦诚自己的内心时，事情就会发生奇妙的变化：坦诚容易获得对方的信任和宽容。

认知改变你的情绪

过去，可能你看到孩子不分享就会有自己的情绪，后来得知这是孩子物权敏感期的正常表现，你也就释怀了。

过去，可能你会被孩子什么都是"不！不！不！"弄得哭笑不得，后来得知这是孩子发展自我意识与标榜独立的必经时期，你也就坦然多了。

过去，可能你会经常被孩子的秩序执拗搞得气急败坏，后来得知这是秩序敏感期使然，你从此也就解脱了。

……

你的认知一直在改变着你的情绪！对孩子多一点了解，家庭就多一点和谐。如果你认真阅读过前面的内容，那么应该还记得自助式教育的意思不是不管孩子，而是协助他让他自己完成。当遇到孩子有不当行为，你要做的不是责怪和禁止，更不要着急动怒。孩子犯错对于我们这些协助者来说，恰恰是机会，因为孩子在哪方面容易犯错，就说明他在哪方面越是需要我们的帮助。父母必须建立新的认知：错误只是暴露孩子的弱点，是孩子自助的另一种信号。

我们来做一组练习。

例1：孩子见到喜欢的人就"打"，这个所谓的"错误"暴露了孩子还不会正常社交的弱点，需要你向孩子做社交的正确示范。

例2：孩子倒水或果汁总是洒得一桌子都是，这个行为暴露了孩子手眼不协调的弱点，需要你协助他加强手眼协调方面的工作。

练习1：孩子一生气就只会大哭，这暴露了孩子＿＿＿＿＿＿＿的弱点，需要你＿＿＿＿＿＿＿＿。

练习2：孩子拿着笔不好好写字，到处乱戳，这个所谓的"错误"行为暴露了孩子＿＿＿＿＿＿＿的弱点，需要你＿＿＿＿＿＿＿＿。

这些不是机会又是什么呢？

不过，父母不要误会，协助者的工作不是专门负责纠正孩子的错误，只盯着孩子的错误并不能真正让孩子变好，反而会让孩子觉得自己一无是处，全身都是毛病，我们要做的是协助他让他自己去处理问题（学习他还不会的东西），或者协助他让他专注于自己的长处。

比如运用剪刀这个工作，三岁左右的孩子一开始做得都不那么顺利。他们喜欢用剪刀，但是又不会用，拿着它到处乱戳乱剪。你要真拿个什么东西给他剪，他摆弄两下后又因为太难，干脆不做了，这时常会令家长既担心又生气。面对这种工作，最有效的协助就是尽量先分解目标再分解步骤，帮助他减小难度，最后逐一攻破。我们就会把工作分解成多个阶段目标，第一阶段剪什么，第二阶段剪什么，设计材料的时候甚至精确到具体的尺寸、线型等，依次遵循从易到难的原则拆分，直到孩子手眼协调能力达到一定的程度，双手掌握了运用剪刀的技巧，他们就全然蜕变成"安全的"能干的小孩。

在孩子遭遇困难或者其情绪失控的情况下，成人的处理方法就是帮助孩子建立新的神经元连接，类似于给大脑"修路搭桥"来建立丰富的信息处理系统，那么孩子日后每当遇到此类事件才可能有更多的选择和改变，否则就只有哭或发脾气这类简单的反应。

 温馨贴

◎ 作为协助者，我们需要学习的东西可能比单纯的帮助者还要多，因为拿捏协助的尺寸和隐藏教育的痕迹的确是不容易的事情。不过这也不是绝对的。只要你开始学着去欣赏你的孩子，开始发自内心地赞美生命，不受孩子外在行为的干扰，冷静分析行为背后的真相，那么你对教育就会渐渐开窍。

◎ 作为精神服务者，我建议父母自身要先充实自己的精神，练好自己的"内功"。蒙氏父母不仅行于外还要修于内，保持自己的心不偏离真理。一个小小的情绪看起来没有学习知识道理那么重大，但是一旦它翻腾起来，一肚子的学问也会瞬间无用武之地。我们练习与自己的情绪友好相处，其实就是一个与自己和好的过程，能与自己友好相处的人才能与世界更好地相处！父母在学习观察孩子的同时，别忘了观察自己；在服务孩子精神的同时，别忘了服务自己的精神；在帮助孩子成为他自己的同时，别忘了找回自己。你成全了孩子，也成全了自己！

后 记

　　人生有很多可以让自己幸福的事，比如在恰当的时间遇见爱，在恰当的时间遇见孩子，在恰当的时间遇见一本刚好想要的书！

　　本书所有的文字都从无数个朴素的日子和情感中来。我和所有妈妈一样，爱过、哭过、笑过；我和所有蒙台梭利教育者一样，激动过、疑惑过、执着过。

　　我自己的孩子已经顺利度过了他的幼年（前六年），是中国式蒙氏家庭教育的受益者，从某种程度上来说也是勇敢的试验者，本书是因他而诞生的。我利用自己蒙氏老师的身份，疯狂研究蒙台梭利教育在家庭中的应用和拓展。这起源于当年我在当地找不到一家合适的蒙氏学校，起源于孩子带给我那源源不断的教育灵感。这注定是一条被镌刻了使命的路，因为课程一经推出就得到诸多父母的积极反馈，那时我才知道它不是我一个人的想法，更不是我一个家庭的需求，是人人都需要的明灯。

　　出于多种考虑，本书并没有以教材的形式呈现，但是书中已囊括了不少课程重点。目前蒙氏教育课程还是以线下实体教学为主，因为有许多需要亲授的环节和蒙氏工作实操的内容。当我们培训的蒙氏父母讲师越来越多的时候，相信相关课程就可以传遍千家万户了，期待这一天的早日到来！

本书提出的"自助式成长""童心陪伴""家庭共生关系""生命之流""量化情绪""信任感训练""精神服务者""尊重孩子最简单的方法"等都可能是你首次接触的养育观和实际方法。我不指望每个观点和方法都刚好是你需要的，但只要有一点抓住了你的心，那一点也许就会在你的生命中开花结果。

说实话，叫什么父母不重要，你不用纠结自己叫不叫"蒙氏父母"，若不喜欢，你可以换个名字。它仅仅是一个代号而已，重要的是它是一个象征，是"新时代优质养育者"的象征：

愿意让出孩子成长的主导权，从"孩子想自己吃饭就可以自己吃饭"这种微不足道的小事开始，走向可以为自己的人生做抉择的尊严之路。使他服从真理，而不是你我的道理；使他为自己的生命负责，而不是为你我的奢望负责。

愿意以协助者的身份把自己浓烈的、超标的爱化为孩子能吸收和接受的"浓度"，通过生命之流默默传导给他，让他的生命因爱而绽放，而非因爱而溺亡。

愿意把原本属于孩子的自由还给他，让他活出生命本来的样子，做他自己。

把瞎管孩子的时间、包办孩子的时间、燃烧自己怒火的精力省下来，管理自己的生活。过好自己的人生才有资格"说教"别人。

有一点我们必须清楚：不管你做什么父母，你也只是人不是神。人都像田野里一朵朵无名的小花，开放不多久就凋谢了，别对人对己太苛刻，能怎么活着不别扭，就怎么好好活着吧！孩子的人生让他自己来过，我们又何必太过躁动。

另外，蒙氏父母忙起来也是不含糊的，因为要承担"自助餐"背后的准备工作（跟随孩子的成长预备我们自己，预备他成长需要的环境和工作材料），让孩子满足自己的"自助式"日常，最终实现自主人生。除此之外，父母自己还要不停地成长、学习、观察。这么忙，值得！"授渔者"勤始善终，"授鱼者"虽勤始但难以善终。

不做蒙氏父母这么"费心"的人，也许你短时间内看起来很有"魄力"，想让孩子做什么就做什么，效率还挺高。可是慢慢地，你就会发现这些只是暂时的，不出多久你就没有那么潇洒了。读书、写作业、补课一样都少不了你，孩子大了后其择校、择业、择家也少不了你，再后来他的下一代也是你来代办，因为他就不曾"长大"过。

当然，我也没有说做蒙氏父母就一定什么都好，什么都轻松，人人都有自己搞不定的事。父母遇到挫折、失败，经历贫穷、痛苦、打击，这些都不是最可怕的，可怕的是你放弃了给孩子上如何与逆境"共舞"、如何战胜不幸这些课。人在压力下的反应才是决定祸福的关键。在某种程度上，困难会帮助我们前进。人的忍耐、刚强、信心都是在这些特别的时候练就出来的。

我知道，每个父母在平凡而又富有挑战的育儿岁月里，都可能会遇到这样和那样的问题，多么希望有一本可以教会你处理所有问题的指南书，可是我要告诉你，这个世界没有这样的书，也不可能有，再详尽的问题解答录都不可能包揽你遇到的每个困境。要相信大自然已经把"说明书"放在了万物的生命里，所以种子知道自己应该如何生长，婴儿知道自己出生后要做什么。当你遇到困难时，别忘了回到生命的源头，觉知自己，以及思考问题的本质，你的潜力就在你每次的反思和寻求中显现。不凡的教育给人以启迪，普通的教育给人以方法。

　　其实本书写作完成的时间远远早于交稿的时间，但是我放在枕边迟迟没有寄给出版社，就是因为我想完善再完善，所以总是不停地修改删减。后来我发现自己有点偏向完美主义了，问题是无止境的，就算花费一生也写不完所有的问题，我应该果断止笔了，我们要给孩子适当的"留白"，为什么不给父母"留白"呢？

　　所谓教育，仅能提供生命成长的环境和协助，我们寄希望于它，又不完全依赖它！

全 年 龄 段

《叛逆不是孩子的错：不打、不骂、不动气的温暖教养术（原书第2版）》

作者：[美] 杰弗里·伯恩斯坦 译者：陶志琼

放弃对孩子的控制，才能获得更多的掌控权；不再强迫孩子听话。孩子才会开始听你的话，樊登读书倾力推荐，十天搞定叛逆孩子

《硅谷超级家长课：教出硅谷三女杰的TRICK教养法》

作者：[美] 埃丝特·沃西基 译者：姜帆

"硅谷教母"埃丝特·沃西基养育了三个卓越的女儿，分别是YouTube的CEO、基因公司创始人和名校教授。她的秘诀就在本书中

《学会自我接纳：帮孩子超越自卑，走向自信》

作者：[美] 艾琳·肯尼迪-穆尔 译者：张海龙 郭霞 张俊林

为什么我们提高孩子自信心的方法往往适得其反？
解决孩子自卑的深层次根源问题，帮助孩子形成真正的自信；
满足孩子在联结、能力和选择三个方面的心理需求；
引导孩子摆脱不健康的自我关注状态，帮助孩子提升自我接纳水平

《去情绪化管教，帮助孩子养成高情商、有教养的大脑！》

作者：[美] 丹尼尔·J.西格尔 等 译者：吴蒙琦

无须和孩子产生冲突，也无须愤怒、哭泣和沮丧！用爱与尊重的方式让孩子守规矩，使孩子朝着成功和幸福的人生方向前进

《爱的管教：将亲子冲突变为合作的7种技巧》

作者：[美] 贝基·A.贝利 译者：温旻

美国亚马逊畅销书。只有家长先学会自律，才能成功指导孩子的行为。自我控制的七种力量和由此而生的七种管教技巧，让父母和孩子共同改变。在过去15年中，成千上万的家庭因这7种力量变得更加亲密和幸福

更多>>>　　《儿童教育心理学》 作者：[奥地利] 阿尔弗雷德·阿德勒 译者：杜秀敏
《我不是坏孩子，我只是压力大：帮助孩子学会调节压力、管理情绪》作者：[加]斯图尔特·尚卡尔 等 译者：黄镇华
《如何让孩子爱上阅读》作者：[澳] 梅根·戴利 译者：卫妮